すべてがうまくいく
幸運人生の叶え方

# 生き方の感性

Yoshikawa Nami
佳川奈未

PHP研究所

神様を味方につけている人は、
いつも〝いいとき〟ではなく
〝よくないとき〟に、宝物に出逢《であ》っている!

〝気づき〟から好転するまえがき

# 何が本当の幸せかを知っているだけで、あなたはもっと輝ける！

〜幸運を手にするきっかけは、いつもささやかな日常の感性の中にある

多くの人は、みんな〝幸せになりたい〟〝幸運を手に入れたい〟〝もっといい人生が欲しい〟と思うものの、それを叶《かな》える方法を知らないでいたりするものです。

なぜ、それを望んでいるのに、叶えられない状態や時期が延々と続くのかというと、叶えたいそのことが〝どんなものであるのかを、自分が本当には知らない〟からなのです。

そうです。叶える方法を知らないのではなく、本当にそうなりたいという姿や、心の中の感情や幸せの感覚を、自分自身がわかっていないということなのです。

たとえば、この世の中には、最初は〝世に出て成功したい〟と思っていて、いつしかそれを実際に叶えても、思うほどに幸せを感じられなかったりするという人がいるものです。

また、〝お金さえあればもっとすべてがなんとかなるのに〟と思って、それを実際に手にしても、そのわりには、心が満たされていなかったりする人もいるものです。

人は、「恋人さえいたら」「結婚さえできたら」「もっとましな会社にさえいたら」「幸運に恵まれてさえいたら」と、いろんな〝欠けている〟と思うものに執着し、不満を感じ、不安を大きくし、不幸に感じていくのです。

それらが自分自身や自分の人生の中に〝ない〟せいで、自分は他人よりもいい人生を送れていない、幸せではないと、とるのです。

しかし、〝本当の幸せ〟や〝いい人生〟というのは、何かのあるなしや、条件的な要素の充足や、他者の人生との比較ではなく、自分自身の「心の感覚そのもの」なのです。

何をどう受け取り、どう感じ、どう思うかなのです。

その、どう受け止め、どう感じ、どう思うかという感性の違いで、生き方の質が変わってくるし、幸福感が違ってくるのです。

なぜなら、感じ方や思い方が、ふるまいや、行動や、人生の運び方に影響するのですから。

そういったことの一連の〝感性の違い〟が、すべての出来事や物事の、運びや流れや成り立ちの違いになるわけです。

つまり、幸せになるには、そしていい人生を送るには、その「生き方の感性」を持つことで、叶うということなのです。それは、なにかしらの方法論よりも大きく、あなた自身や、あなたの人生に影響しているのです。

幸せを感じる心や、幸運を、この人生でうまく手にしている人というのは、いつも、それなりに、いい生き方の感性を持っているものです。

なぜ、その人たちは、その生き方の感性を持てるのかというと、それこそ、本当の幸せや幸運は、「幸せを感じる自分の心」にあることを知っているからです。

たとえ、いい仕事をしても、成功しても、お金があっても、すごいという人とくっついていても、自分の心が幸せを感じていないなら、それは幸せではないと知っているということです。

逆に、たとえ世に出て成功していなくても、お金持ちでなくても、ひとり暮らしでいたとしても、自分の心がそれなりに幸せに満ちていて、いい人生だと感じていられるなら、それが何より幸せだと感じることを知っているということです。

いい生き方の感性を持つことで、人はいい生き方を、心から幸せに感じる生き方として、叶えていけるようになるのです。そしてその感性は、ささやかな日常の中で、しっかり育めるようになっているのです。

二〇〇九年一月　心の中に運命をひらく鍵がついている

ミラクルハッピー　佳川奈未

『生き方の感性』

Contents

目次

# Chapter 1

## 自分を生かす感性

自分を信じる力がすべてを叶《かな》える力になる

Chapter 2

# 人生をより良く進む感性

## 本音に沿うほど、楽になる・得になる・飛躍する！

# Chapter 3

## 夢を叶える感性

正しく望めば、叶えられるものはたくさんある

# Chapter 4 お金を築く感性

## リアルに思い描くほど大金がやってくる

## Chapter 5

# 幸運を惹き寄せる感性

幸せになる決心をしたとたん、宝の山に出逢うもの

# 自分を生かす感性

## 自分を信じる力が
## すべてを叶《かな》える力になる

Chapter 1

# あたりまえのことを大切にする

## 〜食べる・寝る・着る・学ぶ・遊ぶことから幸運になる

幸福な人生を送るために必要なこととして、人間としてのくらしの中で、食べること・寝ること・着ること・学ぶこと・遊ぶことなど、そのときどきの場面にあわせて、〝あたりまえのことをきちんとこなすことが大切である〟というのが、禅の教えの中にあります。

おなかが空《す》いたら食べ、眠くなったら寝て、暑い夏には半そでを、寒い冬には長そでを、試験があるなら勉強を、遊べる時には必要な遊びをと、あたりまえのことをすることで、次の場面をあたりまえに迎えられ、うまくやっていけるようになるというのです。

人とのつきあいの中でも、顔をあわせたらさわやかな挨拶《あいさつ》を、何かしらおわびが必要なら「ごめんなさい」と素直にあやまることを、また、感謝を示すべきときには「ありがとう」などと、心をこめて伝えることをあたりまえにするということが大切なのです。

また、弱くなっている人には、あたたかい言葉や励ましや心が明るくなる言葉を、目の前で困っている人がいるなら、「どうかされましたか？　ご迷惑でなければ、お手伝いしましょうか」と手を差し伸べるという具合に、です。

そして、人が傷つくことを言わない、人にいじわるをしない、悪さを働かない、というようなことも、日常を穏やかな気持ちで平和に過ごしたいとするなら、あたりまえのこととして、大切なことです。

しかし、そんなあたりまえのことをおろそかにしたり、無視したり、軽んじる人は、そこから、まともにいくはずのリズムを自ら壊《こわ》してしまうこともあるのです。

たとえば、腹ぺこなのに何も食べないでいると体調を壊すことでしょうし、おなかがいっぱいすぎるときに食べるというのも、胃を壊すことでしょう。眠いのに寝ない状態を続けていると、ふらふらしたり、思考能力が低下するでしょうし、冬に半そでを着てぶるぶるふるえていたら、かぜもひくことでしょう。

遊びたいのに勉強や仕事ばかりに埋没していたら、ストレスもたまるというものです。

「そんなあたりまえのことを言うな」「そんなことは言われなくてもわかっている」と、多くの人は思うことでしょう。

しかし、なぜ人々は、自分の心身にむちゃをさせたり、他人に対してあいさつもろくにしなかったり、平気で人を傷つけることをするのでしょうか？

もしも、みんなが、人としてあたりまえのことをあたりまえにしていたら、困ることや、トラブルになることや、おかしな現象に巻き込まれることというのも、そんなにはなく、あらかじめ不運な運びを避けられるというものです。

それらはみんな、〝幸運になることを願う〟とかいう以前の問題で、そこをおろそかにしていて、真の幸福な人生など、この日常にはあり得ないのです。

実をいうと、そんな私もある時、仕事のしすぎとむちゃなスケジュールの組み方で心身を壊し、精神的にも辛《つら》くなり、逃げ出してしまいたいというような境地におかれたことがありました。そのとき、誰にも相談できず、お寺様にかけこんだことがあります。

すると、阿闍梨《あじゃり》様（高僧）はひとこと、こうおっしゃったのです。

「あたりまえのことを大切になさい」と。

そして、続けて、

「あなたはごはんも食べず、寝てもいない。体も休めていないでしょう。そんなことを続けていては、心身も生活も壊れるのはあたりまえです。あたりまえになさいな。無理なものはお断りし、自分がまず健康でいることを確保することで、幸福をあたりまえに迎えなさい」と。

そんなことがあってから、私が自分をあたりまえのことのように大切にし、まわりの人にもそのようにあたりまえのことの大切さをお伝えしていくと、みるみるいろんなことが良くなりはじめたのです。

いつでも、より良く生きようとする人は、そういった、なにげない、誰もが気をおくこともないようなことも、ちゃんとあたりまえに大切にしているのです。

もしもあなたが、本当に幸せになりたいと思うなら、特別な運の良くなる何かや、大きな幸運のための成果を手にいれるための非日常的なアクションをするよりも、ごくごくあたりまえの小さなことを、ひとつひとつ習慣的にしていくことのほうが大切です。そのほうがよほど確実にあなたの毎日は向上していくのですから。

# 言行一致でいく

## ～いい生き方を叶える人は、口にしている言葉と行動がみあっている！

生き方の感性が優れた人は、良い生き方をするための自分のあり方をしっかり要《かなめ》をはずさず持っているものです。

その肝心な要のひとつに、「言行一致」というものがあります。

生き方の感性の優れた人たちは、みんな、口に出して言っていることと、実際にやっていることが、自分自身のこと・他人との関係のことにかかわらず、一致していて、矛盾がありません。それゆえ、接していると気持ちが良く、誠実さを感じるので、信頼することができ、良い関係を長く続けることができるのです。

こういう人とつきあっていると、つねに言行一致ですから、嘘・偽りや、ごまかし、逃げがなく、安心して何度でもどんな場面でも、一緒にいられるのです。

さて、この世の中には、そのような人ばかりではなく、中には、言っていることとやっていることがまったく違っていて、接するほどに、不信感がわいたり、こちらが不安になったり、何かがおかしいと感じるような人がいたりもします。

そして、こういう何か〝いやな匂《にお》いのする人〟のえじきになる、同じく要のずれた人がいたりするのです。

たとえば、人間関係のやりとりでのトラブルから、良くない出来事に巻き込まれる人たちの話を聞いていていると、

〝なぜ、そんなおかしな人についていくのだろう〟と、思うようなことをしている人がいます。

冷静に、まっすぐにみていたら、なにかが変になっているということが、途中でわかるはずなのに、ずるずる盲目的に信じてしまい、相手の言葉やその人が言ったことに、最後までひきずられたりして。

そして、その人たちは、トラブルになって、ことがとんでもないことになってから、必ず、こう言うのです。

「最初、いい話だと思って聞いていたのに、なんかどんどん状況が変わってきて、めちゃめちゃにされたのよ」

「その人がそうしてくれるって言うから頼っていたのに、結局そうしてくれなくて、騙《だま》されたのよ」

「口では、○○すると約束してくれたから私も話に乗ったのに、いま思えば様子が変だったのよ」

と。

そうです、生き方の感性のずれた人たちというのは、いつも、誰かの言うことをただ〝うのみにするだけ〟で、その言葉のあとの展開がどうなっていくのか、相手のそのあとの態度や、連絡ぶりや、接する感触や、状況の変化や、相手から感じる感情の不快感を、まったく真実の目で見ようとしないのです。

というか、真実の目で見れないでいるのです。

「言行が一致していない。なにかがおかしい！」と、思ったら、人は、途中の段階で、

「あの○○と言っていたことは、どうなったのですか？」

と、聞くことや、

「ちょっと、気になっているので、状況をはっきりさせてほしいのですが」

と、確認することもできます。

しかし、また、そこでも、相手がいい言葉だけを口にするというのが続くのを感じたり、なんとなく逃げていて、うやむやにされそうなのを少しでも感じるなら、

「それは、おかしくありませんか？」

「最初の話とずいぶん違ってきているので、それだったら、ＯＫできません」

などと、核心をつくこともできれば、それ以上の怪しいやりとりをこちらか

らやめるということもできるわけです。


それなのに、なぜ、騙されたり、トラブルになってしまうのでしょうか？

それは、「真実の目で見れない理由」があるからなのですが、その理由とは、〝自分がしっかり物事を素直にまっすぐに見たり、考えたりしていない〟ということなのです。

こうお伝えすると、

「えっ⁉　そんな‼　こちらが素直でまっすぐだから、相手のことを信じてしまって、不本意にも騙されることになったのだから、こちらに責任はないのではないの？　素直でまっすぐな人を騙す口のうまい人が全面的に悪いのではないの？」

と、思う人もいるかもしれませんが、実はそうではないことがあったりします。素直にまっすぐに見れるということは、〝正しくない何かの「ゆがみ」が、ちゃんと見れる〟ということです。

本当に素直な物の考え方のできる、まっすぐな人なら、

〝なぜあの人は、そう言うわりには、こんなことをするのだろう？〟

〝口ではいいことばかり言うのに、なぜ私はあの人と接するほどにこんなに不安になるのだろう？〟

と、いうようなことを、ちゃんと、自分の中でわかるはずなのです。なぜなら、素直でまっすぐな人は、まっすぐに考えて行動できるので、そうではない人を、〝おかしいなぁ〟とちゃんと考えられるからです。

そんなふうに素直にまっすぐ考えないから、おかしくなっていくのを止められないままになってしまい、後の祭りになってしまうわけです。

たとえば、相手が、こちらを騙すつもりではなく、本当に口で言っていたそのうまい話を実行しようとしていたのに、それが何らかの事情や理由で不可能になっていきそうだと感じたとき、言行一致の人なら、

「あのいいお話、そうしようと思ってお話ししていたのですが、事情や理由が

あって、実現できなくなりそうなのです。せっかくよろこんでいただいていたのに、申しわけありません。本当にごめんなさい。それで……」と、正直にそのことを伝えることができるし、そのあとどうすべきかを提示したり、こちらが納得するように対処しようともするものです。それが言行一致の人のあり方なのです。

しかし、同じこの場合に、言行一致しない人は、雲行きがあやしくなったことを黙ったままにして、ごまかし、逃げるから、自分も相手もおかしくなってしまうのです。

より良い生き方の感性を身につけるには、言行一致を心がけて、自分自身と向きあったり、自分や他者との関係を持つと、そこから良いエネルギーが流れ、ものごとはスムーズにいくようになります。

そうやって人生が誠実に進んでいくと、心に安らぎが生まれ、安堵《あんど》の日々を送りやすくなるのです。

# 素直でまっすぐな人でいる

## ～神様の守護を受け、あらゆる災難から守られ幸運に満ちあふれる策

さて、前述した、「言行一致の素直でまっすぐな人でいるほうが、誰からも騙されない」ということについて、さらに詳しくお話ししたいと思います。

なぜなら、それこそが、どんなトラブルや不運からも自分を守る最大・最良の策だからです。そして、それこそが、天からじっと見ている神様の守護に与《あず》かれる幸運の法則だからです。

世の中では、誰かに騙されたり、いやな出来事や事件に巻き込まれるのは、素直でまっすぐで純真無垢《むく》な人だと思われているようですが、実は、絶対にそ

うであるとは言えないこともあります。人間関係のトラブルの尽きない人や、誰かに騙されたり、いやな出来事や事件に巻き込まれたりするというのは、そうなる側にも、なにかしらの計算やエゴや、断りきれない理由・拒否しきれない理由を、多少なりとも抱えているからなのです。

これは、惹《ひ》き寄せの法則でもありますが、いいことを考えているといいことを惹き寄せ、良くないことを考えていると良くないことを惹き寄せるというものです。

もちろん、まだ年の若い子供や、人と接することがあまりない人や、社会経験の少ない人や、年老いて物事の判断ができにくくなってしまったお年寄りの人たちなどに関しては、一概にそうはいえません。

そういった人たちは、これまで自分を利用しようとしている人に出逢ったこともなかったり、まさかそんな悪い人が世の中にいるということさえ考えられなかったりするので、不本意にも、知らないうちにずるい人間や悪徳商法にひっかかってしまうことも時にはあるでしょう。

しかし、あなたがある程度の年月を生きてきて、それなりの人間関係も乗り越えていて、社会経験としても多くの出来事を経験しているとしたら、自分を守る最良策として、いくつになっても「素直にまっすぐな人でいる」ことを実践しているほうが、確実に身を守ることができるということをお伝えしたいのです。

たとえば、もしもあなたが、まっすぐに素直に道に立っていたら、斜めに倒れた電柱や根元から傾いて横に倒れそうになっている木や、屋根が斜めにゆがんだ家などをみたときには、すぐに、

「あっ、電柱が斜めになっている」
「あの木、倒れてる」
「あの家、なんか、ゆがんでる。傾斜のある土地に建っているのかなぁ」

と、はっきり、その〝ゆがみ〟を見てとることができるのです。

なぜなら、あなたがまっすぐに立っているので、素直な感覚でそれをとらえ

ると、傾いたものやゆがみをはっきりと確認することができるからです。

しかし、逆にあなたが、斜めに傾いた姿勢で道に立っていたり、どこかに寝転んだりするような格好でいたら、実際には斜めに立っている電柱や木が、〝まっすぐ〟に見えたり、傾いた屋根の家が、平らに見えたりするようになるのです。

なぜなら、あなたが傾いていてまっすぐではないがために、その感覚で物事を見たときには、実際の状態を、違うとり方で見てしまって、それが間違っていることさえ、わからなくなるのです。

つまり、物事というのはなんでも、相手が一方的にゆがんでいるものは、こちらがまっすぐ素直にいることで間違いなく判別できるのに、自分がゆがんでいたら、実際にはゆがんだものがまっすぐ見え、逆に、実際にはまっすぐのものがゆがんでいるように見えたりして、とり違えることがあるわけです。

そのようなとり違えをしないようにする最良の方法は、つねに自分が素直にまっすぐでいるということなのです。すると正しいものを正しくとらえられ、間違っているものは間違っているととらえられるのです。

人が素直でまっすぐでいるということは、心を捻《ね》じ曲げて何かを考えたりすることがないあり方であり、自分の心の中を誠実にしていることを気持ちいいと感じるあり方であり、人を騙したり、困らせたり、泣かせたりして、そんなことでなにか得をしようなどと一切考えていない状態です。

エゴや計算が頭をよぎると、人は、まっすぐなものが一瞬ゆがめられて、そこからなにかが少しずつずれていく傾向になり、結果として、おかしなものを手にすることになってしまうのです。

本当に良いもの、本当の得になること、本当に幸運を手にするものとは、素直でまっすぐなクリアなエネルギーの中にあるときに、必然的にもたらされるのだと知っておきましょう。そうすれば、おかしなことが頭をよぎったときに

でも、

「いけない。いけない。こんなことをして、なにかを手にしても、本当には満足しないし、幸せではない」

と心から感じられ、わかるのです。

それがわかるということは、自然にトラブルがさけられ、確実に運気が守られるようになるということなのです。

# バイタリティをはかる

## ～自分のパワーを知っているのと知らないのとでは、結果の出方が違う

たとえば、あなたが、何かをする必要を感じて動こうとするときや、これから先に自分を突き動かそうとするときに、ひとつ大切なことは、〝そのときの自分自身のバイタリティをみる〟ということです。

自分の中に、自分を突き動かすバイタリティがないときに、何かを手がけたり、力を振り絞ってことに当たると、そこには、物事を動かしたり、成り立たせるに十分なパワーがなく、思う形になりにくいからです。

あなたが事をうまくいかせたいとするならば、自分の中のバイタリティの大

きいときに手がけることで、それは必要なエネルギーとして、必要な働きを成り立たせ、スムーズにあなたと人生を走らせてくれるようになります。

バイタリティが大きいときは、やることなすことがうまくいきやすいのです。

たとえば、車の例でお伝えするとわかりやすいでしょう。

あなたが車に乗って、遠出しようとしているとき、目的地に着く距離を走れるほどのガソリンがなかったり、車にほんの少ししかガソリンが残っていなかったり、まったくなくなっていたりしたら、あなたは、そんな車で遠出してしまおうとはしないはずなのです。

あなたは自分が目的地に着きたいとしたら、まずは車のガソリンを満タンにして、「これで十分に走れる」というエネルギーを持たせておいて、初めて走りだすことでしょう。

これと同じで、あなたが大きなことを成しとげようとしたり、遠くまでや、高い場所に行こうとすればするほど、あなたは自分のバイタリティが、いったい、いま、どのくらいあるのかを感覚として知っておく必要があるのです。

〝いまこれをやるにはしんどいなぁ〟と、もしも、心や体に感じているなら、そのときは自分の栄養補給や休息やエネルギー充電をしっかりすることを優先してください。

もしも、それをやるのはわくわくする！　考えただけでもうれしい！　と、心の奥から突き動かされるような、ほとばしるエネルギーを感じたなら、そのときは最もそれをやるにふさわしいときです。そのときあなたは、自分のバイタリティが大きくなっているので、トントンとことを進め、どんどん必要なことをこなし、スイスイとゴールに着くことでしょう。

バイタリティのあるときは〝動きどき〟で、バイタリティのない時は、積極的に出ないということで、進み方を見きわめると、途中で力尽きて断念する、ということがなくなってくるし、自分をいいときにいい状態で生かせることになるのです。

生き方の感性のいい人は、やろうとしているその日が、大安か仏滅かというようなお日柄で決めているのではなく、自分のバイタリティのあるなしによって運気をはかり、動く動かないを決めていたりするのです。

そして、そのバイタリティの大きさは、結果の大きさにみごとに関連しているのです。

# 無理しすぎない

## ～お釈迦《しやか》様の究極の悟りは、「無理しすぎないこと」というもの

ここに、お釈迦様が荒行苦行は意味がないと悟った、いい生き方の感性に関するエピソードがあります。

それは、私が、あるお寺様に行ったときに出逢ったお話です。

そのお寺様には、ある珍しい仏像が置かれていました。それは、骨と皮だけになって目をぎょろつかせた、なんとも怪しげな痛ましい姿の仏像でした。それを見つけた私が、お坊様に、

「これは何ですか？」

と、聞いてみると、

「これは、お釈迦様が、最も尊い悟りを得られた時の姿を、仏像にして残したお姿です」

と言うのです。

実は、お釈迦様は悟りを開く修行のため、ひとり山にこもり、何も飲まず食わずの断食を何日も続けていたことがあったのです。

しかし、ある時、とうとうおなかが空き過ぎて心身ともに極限状態にきていて、もうこれ以上の断食をしたら、悟りを得る前に死んでしまうというところまで来ていたのです。

そのとき、お釈迦様の体は、すっかり骨と皮だけという状態にまでなっていて、精神がおかしくなりかけていくところでした。

お釈迦様はあまりにも苦しくて死にそうだったので、水を求めて、山のふもとまで下りていこうとしたのです。

そんなとき、どこからともなく誰かが歌う声が聞こえてきたのです。声のするほうを探してみると、下の川辺を、小舟に乗ってギターを弾きながら渡っていく男の姿を見たのです。

耳を澄まして聴いてみると、その小舟の上の男は、こんなふうに歌っていたのです。

「おいらのギターは、古ギター♪　弦がしなっていい音がなる～♪
ポロロン　ポロロン　いい音がなる～♪」と。

それを聴いたお釈迦様は、そこでハッと悟ったのです！
「なんでも加減が必要なのだ。こんなに苦しい極限まで自分を追いやっても、死んでしまっては何をしているかわからない。こんなことでは悟りを得る前に死んでしまうではないか。生きてこその人生だ。こんな荒行苦行は意味がない。

張りつめたままの心は、張りつめた弦と同じで、すぐに切れてしまうもの。適度にゆるむということが、良い加減を生むのだ」と。

そしてお釈迦様は、荒行苦行をしたからこそ、荒行苦行は必要なかったということを悟れたというのです。

無理をしすぎるというのを、本当は神も仏も望んでいないのに、人はときに、

「いまが辛いのは、自分に我慢が足りないからだ」

と、そこからさらに自分を追いつめてしまうことがあるのですが、何でも加減を間違えると、良いものを得るどころか、大切なものを失うことにもなりかねないということなのです。

不必要な苦しみよりも、あの小舟のギター弾きの男のように、楽しむことで〝良い加減〟を持ち、人生を幸せに生きる秘訣が得られたりするのです。

# 自分を幸せにする

## ～まず自分という一人の人間を先に幸せにすることも、神様の願い

生き方の感性が愛に満ちている人は、大きな共感力で、信念に沿った豊かな思いを世に広げていくパワーを持っているものです。

以前、世界平和をめざし活動しているある団体の主催で、世界平和を祈るために、富士山に一万五千人が集まるという大集会があり、私の知り合いのモデル事務所の社長様や日本で世界各国のオペラ歌手を活躍させているイベント会社の社長様とともに、参加したことがあります。

そこには、国連スタッフや、世界各国の影響力のある人たち、政治家、教育

者、芸術家、作家、映画監督、プロデューサー、新聞・雑誌・テレビ・ラジオなどのマスコミ関係者、そして一般からの参加では、あらゆる老若男女が集まったのです。

そこでは、世界各国の言葉に訳された「平和を祈る言葉」と、「ありがとうの感謝の言葉」が書かれている冊子をひとりひとりが受け取り、みんなで、それを心を込めて唱え、祈り、そこで開催された愛と平和と豊かさに関するセミナーを聞き、ひとりひとりの心から愛と平和と心豊かな社会をつくる活動のための時間をともにしたのです。

そして、そのあとはそれぞれに、自分たちのフィールドにおいて、それが生かされるような活動を始めましょうというものだったのです。

考えてみると、そこは富士聖地。都内からあの場所に行くというだけでも、とても大変なのに、みんな「思いは通じる」ということで、世界の平和を祈るためだけに、日本全国はもちろんのこと、全世界から参加していたのです。

その一万五千人の思いは、決して何かに対する気やすめではなく、確かに意味あるものをここから創造していこうとするやる気に満ちていました。

そういった思いの力は、共感力を持つと、偉大なパワーになるもので、それこそが、小さな動機から有意義なものを社会に送り出すのを実現させているのでした。

意識が現象をつくるというのは、物理学者たちのあいだでもいまや検証されていて、多くの文献に記されているくらいですから。

さて、そこに集まった人の中には、体の不自由な人もいらっしゃったのですが、みなさんどなたも、とてもいいお顔をされていて、世界へ愛と平和を伝えたい！　自分から叶えるように動きたい！　と、そんな気持ちでいっぱいのようでした。

みんなが幸せな世の中であれば、なにも、辛いことは起こらない……社会は悪くなりようがない……そんな気がしてなりませんでした。

たとえば、人の悪口を言ったり、誰かを目のかたきのように攻撃したり、人を傷つけていじめてよろこんでいる人がいるというのは、その人自身が幸せではないからなのかもしれません。

心の中に本来の人間としてそなわっている愛や、平和な安らぎをとりもどせたら、そんなことをする必要もなくなるはずだし、そんなことをしたくもないはずなのです。なぜなら、人間として良心が痛むはずだから……。

人は本当に幸せなら、もっと違うことに、もっと良いことに、もっとかけがえのない素晴らしいことに、神様からもらったこの心を生かし、尊い時間をつかい、思いやりをもって　人と接することができるのです。

以前、斎藤一人《さいとうひとり》さんの講演会に行ったときに、こんなことを聞きました。

「みんな幸せになる努力をしてください。

なぜなら、人は自分が幸せでないと、人をいじめるからです。

幸せなら、優しいものを、あたたかいものを、希望を、人に与えられるのです」

と。それには、私もとても共感しました。

「誰かを幸せにする！」ということの〝誰か〟の中には、実は、〝自分自身〟も入っているのです！


誰かひとりを幸せにする責任が人間にあるとしたら、神様は　きっと、「あなたという人間を最初に幸せにしてほしい」

と言うに違いないのです。そこからすべてははじまるのです。


しかし、幸せになるにも、自分の努力がいるものです。

ときにふきつける不本意なまわりの強い風や、ひどい仕打ちに、いちいちうろたえないことだって必要だし、傷も痛みも困難も孤独も、超えないといけないときもあるのですから。

それでも、幸せになると決心した人は、絶対に心を良いほうに生かして、人間としての良いほうの要素で生きようと努力するものです。だからこそ、幸せになれるのだと思います。

幸せになるのは　本当は人間の魂の約束なのです！

人の心が、本来生まれ持った天使のような心と、愛と平和に満たされたなら、自然に社会も、愛と平和に満ちるでしょう……なぜなら社会を構成しているのは、私たちひとりひとりなのですから。

私は、いつもあの世界平和の祈りの大集会に参加したことを思うたび、こう思うのです。

「誰かを救うのはあとでもいいから、いま、幸せでない人は、まず自分自身から幸せにしてあげてほしい」と。

そうでなければ、世界の平和を誰が、何万人で叫んだところで、叶わないことになってしまうのだから。まず、ひとり、最初のひとりを、自分自身として救うのは、〝誰かを救いたい〟という、あなたの人間としての、愛の義務なのです。

# 幸せの連鎖反応をつくる

## 〜まず自分に近いところから幸せを連鎖させると、幸運化が早い！

幸せをつくるのがうまい人は、自分から元気になり、太陽になり、みんなを照らしているものです。生き方の感性が、光に根ざしている人は、つねに、誰がどうあろうと、まずは自分がみんなに良い光をふりまくものです。

誰かが何かをしてくれるとか、してくれないとか、そんなことに不平不満や愚痴を持っておらず、自分のあり方から正そうとする意識を持っているものです。

そして、そういう意識は、良い態度や暮らしぶりになって、必ず、その成果としての幸せを手にしているものです。

もしも、あなたが家族の中で、お母さんという立場だとしたら、あなたがまずは幸せの根源でいるようにしてみてください。

体が健康でいて、心が明るく前向きで、そして愛と希望と感謝で、大切な家族を見守ってあげてください。自分から光を放つことによろこびを感じる存在でいてください。

家の中では、お母さんは、太陽です。土です。光です。みんなを照らし、育み、明るく希望に満ちたものをふりまくような存在でいてください。

すると、お父さんも、安心して家をまかせて、外で一生懸命働くことができます。お父さんが一生懸命働いてくれたら出世も叶います。出世のおかげでお父さんがお金を豊かに家にいれてくれるから、豊かな生活も長続きするのです。

そして、お母さんが幸せでいると、お父さんも幸せで、その間にいる子供も幸せの連鎖を受け取ります。

お母さんとお父さんの仲が良い家では、子供は愛をたっぷり受け取ることができます。たっぷり愛情を受け取ることができた子供は、心が安定していて、しっかり自分のすべきことをやれる自立心のある子になります。そして、自分の力や才能を充分に発揮させられる進路なども、安心して選択できるようになります。

そうやって、お母さんや、お父さんや、子供がみんなで幸せの連鎖をしあっていると、この家族と接する人たちも、同じような幸せの連鎖に感化されるようになります。そうして、その感化された人たちと接する人たちもまた、幸せの連鎖をつくれるようになるのです。

あなたが一人暮らしのＯＬの場合でも、自分の友人、職場の仲間に対して、自分が幸せの根源となるように努めればよいでしょう。すすんでみんなに笑顔をふりまいたり、気持ちのいいあいさつや言葉をかけたりと。すると社内も明るくなり、あなたと接した人も明るくなり、その人たちもまた良い連鎖を広げていけることでしょう。

幸せな人のところには、幸せになろうとしている人やさらに幸せな人たちが、寄り集まるようになっています。なぜなら、人の魂は、一緒にいて心地よいところ、心が癒《いや》されるところ、心があたたかくなるところ、感動的なところ、豊かなところ、幸せを感じるところを、無意識に求めているからです。

そして、幸せな人たちは、何かがあっても、お互いが幸せなフォローを上手にできるようになっています。

なぜなら、幸せを感じる能力のある人たちは、幸せをまた、どんな状況からでも立て直す能力にもたけているからです。

# 人生を
# より良く進む
# 感性

本音に沿うほど、
楽になる・得になる・飛躍する！

Chapter 2

# 群れを間違わない

## ～一緒にいる人が正しいときすべてはうまくいき、間違えると警告が！

このあいだ、東大卒の精神科医の先生の話を聞いていたら、クリニックにやって来るうつ病や、ひどいストレスを抱えている人や、ややこしい問題を抱えて不眠症になっている人の話を聞いてみると、そのほとんどが、〝自分と合わない人間関係の中に身をおいている〟ことが多いというのです。

そして、クリニックにやってくる患者さんたちの訴えの一部始終を聞いて、お薬を出す必要のあるものとないものを見極め、同時に、解決につながるであろうアドバイスを伝えるらしいのです。ですが、患者さんは、

「でも、その人とつきあわなきゃならないのです」

「でも、その人と無縁でいようとしても、どうせまた、かかわることになるはずですから」

「あの人さえいなければと思うのですが、これは運命なのです」

「その会社を辞めるわけにもいかなくて、退職するまでこのことが続くと思うと死にたくなるのです」

と、まるで〝自分にはそれを改善する選択肢も、解決する術《すべ》もない〟かのように、絶望的なこととして話すのだそうです。冷静に見ている側からすると、いくらでも、心の持ち方や物の見方を変えたら、簡単に解決できることがあるのにです。


たとえば、誰の人生にも、こういったこととよく似たことがあるのではないでしょうか？

とてもつきあいづらい人間関係や、心が悲鳴をあげるような人間関係の中で、苦悩しているというようなことが。

そのような人にお伝えできるのは、あなたはあなたがつきあう人を選べるということです。

自分のこの人生に誰を迎え入れるか入れないか、自分に誰を寄せつけるか、寄せつけないか、そんなことをあなたは、運命ではなく、ある程度、自分の意思の選択で叶えられるのです。

考えてもみてください。あなたのこの人生は、いったい誰のものでしょうか？

そうです。あなたの人生はあなた自身のものなのです。

しかもです、この人生は、リハーサルでもなければ、お芝居でもありません。

現実に命をけずって生きている、たった一度の人生なのです。大切な本番待ったなしの時間でできた、あなたの尊い人生なのです。

あなたはこの人生の登場人物を、悪者ばかりでキャスティングする必要もなければ、自分を〝おしんのような悲劇の主人公〟にする必要もないのです。

自分がうつになったり、不眠症になったり、死にたくなるほどの、合わない人や、接するたびに辛いことだらけの人と、自分を痛めつけてまで、あとどのくらい一緒にいる必要があるでしょうか⁉

たとえば、ライオンの群れの中に、かよわいウサギのあなたが入っている必要もなく、白鳥のあなたが、アヒルの中に入る必要もないのです。

群れたりつるんだりする人を間違うから、間違っている警告サインとして、いやな出来事が発生したりするのです。

本当に合う人たちといると、無理やストレスがなく、ただ快適で楽しいと感じ、満足できるのです。

あなたは、そういった心地よいほうを選んでもいいのです。

ときには、自分を救うために、その会社を辞めるという方法を選択するしか術《すべ》がない場合もあります。私も経験がありますが、そのときは、仕事よりも自分の心や人生の展開を優先し、別の会社に行きました。

すると、どうでしょう！　進路を変え、心が救われたというだけで、新しい場面が与えられたというだけで、人生の展開はみごとに変わり、運気はみるみる向上したのです。

辞めてから、ふりかえったときに、あの悪夢のような会社にいたのは、なんだったのかという気がしたくらいです。


また、女性の場合、お姑《しゅうとめ》さんと仲が悪くて、離婚したいくらいだと悩んでいる人もいるかもしれませんが、夫を愛しているなら、お姑さんと接しなくてもいい方法をとるとか、祝福に値する結婚を再び選ぶとか、そういったことも自分で選択できるということです。

自分次第で、選択できるのに、選択することを放棄するから、「どうにもならない」となって、苦しみが延々と続いてしまうのです。

いい生き方の感性を身につけようと思ったら、人間関係こそ、自分にとって心豊かになるふさわしいものを選択するべきなのです。


そのとき、自分の意思で選択する場合のポイントは、

「こう選んだら、あの人はどう思うかしら？」

「このことで、どんなふうに思われるか怖いわ」

と、他人の思うかもしれないことを、あなたがまだ何も起こっていないうちから勝手に決め付けて、悩みごとを増やさないということです。


あなたのすべきことは、誰かにどう思われるかに苦しんで精神的な病気になることではなく、あなたの意思を尊重することであり、あなたを救うことなのですから。

# どう思われるかを気にしない

## ～他人の気持ちは他人のもの。触《さわ》ることができない領域は故意に触らない

快適な毎日を過ごすことが上手な人は、やたらと余分なものを自分にしょいこむことをしません。

たとえば、自分が他人にどう思われているかということや、他人の賞賛には必要以上に関心をもたないので、のびのびした自分でいられるのです。

それはなにも、誰に何を思われてもしかたないというような捨て身になることではなく、他人の気持ちと自分の気持ちをいっしょくたにしていないということです。

つまり、他人がどう思うかは、他人の問題であり、その人の心の中のことであると知っており、それは他人が触る領域のことではないとわかっていて、自分は自分の価値観や生き方に、しっかりそれなりの自信を持って生きているからです。

自分が自分のすべきことをしていない人や、自分の人生をおろそかにしている人や、他人に合わせることばかりで生きている人は、つねに、他人の顔色を見たり、機嫌をうかがったり、どう思われているかに苦悩してしまうものです。

そんなことをやめると、自分を生かすことは、もっと簡単にできるようになるし、早く自分を飛躍させることができるのです。

誰も誰かに縛られる必要はなく、自分らしく生きていってもいいのです。あなたは他人のためにこの人生を生きているのではないからです。

しかし、それは、他人のことなど無視していたらいい、他人などどうでもいいということではなく、自分を尊重して生きている人は、他人のことも尊重して生きているので、なにもおかしな気の使い方をしなくても、自然に認めているということなのです。

自分が触れる領域と触れない領域を知っている人は、誰にでも賢明な対応ができるものなのです。

# 争わないほうを選ぶ

## ～争いが、美しい勝利をくれることはない！

この世の中には、〝つきあう人たちとは、仲良く平和に調和を心がけていこう〟という愛に根ざした気持ちでいる人もいれば、〝何かあったらひとこと言ってやろう〟という、つねに他人の言動に対して殺気だった取り方をしたり、何かと闘う姿勢満々の、攻撃的なタイプの人もいるものです。

しかし、まわりにどんな人がいようとも、愛と調和と平和を選ぶようにすると、自分の暮らしの中から、問題やトラブルが嘘みたいになくなります。

そして、感覚の違う人は、もうこちらに寄って来れなくなりますし、仮に間違ってやってきても、相手になどしなくなれるほど、自分に余裕が生まれてきますし、すぐにうまく解決できるものです。

愛と調和と平和の路線でいけば、守られることだらけになるので、運が良くなる一方なのです。

宇宙には、〝類は友を呼ぶ〟という法則がありますから、愛と調和と平和に満ちた人々の中で、幸せに暮らしたいと思うなら、まずは自分自身からそうあることで、惹《ひ》き寄せる力を働かせておくといいでしょう。そうすれば、違うエネルギーの人や、望んでいないタイプの人たちは、自然に無縁になっていくのです。

世間を見ているとよくわかりますが、なにかしらいつも人間関係のこじれから問題を抱えている人や、人との争いごとが絶えない人は、決まって同じ人なのです。そうして、いつでも同じパターンで、戦争がはじまっているようなのです。

そんな人は、相手だけが悪いというように思っているかもしれませんが、争いごとを受け入れることをよしとした自分が惹き寄せていることもあるものです。あるいは、なにかしら日頃から、不平不満に満ちていたり、愚痴を言うことにエネルギーを注いでいたり、誰かと敵対する心を持っていたり、売られたけんかは買うぞ！　的な考えでいるから、そういう良くないものを惹き寄せてしまうのです。

自分の内側にそういう要素がなければ、ほとんど惹き寄せることはないのです。

けんかを売られようが、「そんなものは買う余裕ありません」と、購入お断りなのです。

平和で愛に満ちた生き方を実践する感性のある人は、生きている時間がどれほど貴重で、自分のエネルギーがいやなものに奪われることがどれほどの損失かをよく知っているので、この省エネ時代に、むだなものに時間も労力も使わないことを徹底して守っているのです。

だいたい、暇《ひま》な人は、人のことばかりに目を向けていて、なにかしら吹っかけようと注目しているのです。忙しい人は、自分のすべきことに追われていて、有意義なものに忙しくしているので、くだらないことにかかわっている暇などないのです。

# できることにはすぐ対応する

## ～あとまわし・逃げの姿勢は、簡単なこともやっかいにするもの

この人生では、すぐにでも積極的に迎え入れたいものもあれば、〝めんどうくさいから後にしてほしいなぁ〟〝いまはイヤだなぁ〟と、今すぐしようと思えばできるけれど、あとまわしにしたり、その時はちょっと逃げていたいと思うようなこともあるものです。

ことの大小にかかわらず、あとまわしにしたり、逃げておきたいことというのは、いつか自分のかかわるべきものとして持っているだけで、心身ともに疲れてしまうものです。

それらに、すぐに対応すればすむものを、じゃまくさがったりしたがため

に、追いかけられるはめになってしまうこともあるのです。

たとえば、やらなきゃいけないこととか、対応しなくてはならないことというのは、

「やらなきゃ、やらなきゃ！」

と、思いながら、それでもそのことに取り組む気持ちも起こらず、そのままにして知らん顔をしていると、それと無縁になれたようにみえて、実は、それをし終わるまで、自分の心に負担をかけるものなのです。

重い腰をあげて、さっとやってしまえばすむことを、逃げるかのようにして、あとまわしにしていると、それから解放されたようでいて、実は逆で、その〝やらなければならないこと〟に永遠に追いかけられるということになってしまっているのです。

たとえば、忙しく夕食の支度《したく》をしているときに、小さな子供がそばにきて、

「ママ、抱っこして！　抱っこして！」

と、言ったときに、ちょっと支度している手をとめて、

「いいわよ。さぁ、おいで」と、抱き締めてあげたら、子供はすぐにその甘えに応えてもらえたことにホッとして、安心して、また部屋にもどり、自分ひとりで、おもちゃで遊んでお利口《りこう》にしていられるのです。

それを、

「ママは今忙しいのよ！　あとで！　あっちにいってなさい」

などと、その自分にとっては〝なんでもない小さな願い〟をあとまわしにしたり、そのことから逃げようとするから、小さな子供は、自分に応えてもらえるまで、何度でもしつこく〝抱っこしてほしい！〟と訴え続け、うるさくなり、しまいにはぐずぐず言って、泣きわめきだすのです。

子供としては、ママにほんの少し、甘えてみたかっただけなのです。それなのに、ママが自分をあとまわしにして、ちゃんと向き合おうとしなくて、逃げようとしているから、寂しくなったのです。

そのうえ、ママを困らせようとしたのではなく、ほんのちょっとした甘えで言っただけのお願いも叶えてもらえないという悲しみは、今度は、違う問題と

なり、ママにはトラブルになってしまうわけです。

すぐに応えてあげたら、ほんの一瞬で、ほんの何十秒かですむ、かんたんな、とるにたりないことなのに、その手間をおしんだり、あとまわしにしようと、逃げるようにするから、結局はそのことが時間と状況の変化を生み出し、拡大化して混乱した状態で、追いかけて来て、負担になっていくというわけなのです。


恋人同士や、夫婦の間でもそうで、女性のほうが、

「ちょっと聞いてほしいことがあるの」

と、男性に言ったときに、

「いいよ、何？」と、すぐに聞いてあげさえすれば、女性はそれだけで、自分にすぐに応えてくれた相手に満足し、もう問題を半分解決しているような心境になるのに、それを面倒がって、なんとか聞くのをあとまわしにしたい、できれば対応を避けたいと、

「俺は忙しいんだ！　重要でない話なら今度にしてくれ」

と、その場面から逃げるようにするから、

「いつ聞いてくれるの？」

「あなたはいつも私のことなんてどうでもいいのね！」

と、女性は、さらに口うるさくイヤな女になって、男性に襲いかかってしまうということが起こるのです。

そして、ようやく重い腰をあげ、次にそのことに対応しようとしたときには、問題はかなり大きくやっかいなことになっていたりするわけです。

人間関係であれ、何かの取り組みであれ、日常の何かしらの出来事であれ、その流れの中ですんなり受け入れてしまえば、次の場面にスムーズに行けそうだと感じるものには、そのときそのとき、すぐに対応するのが一番いいのです。

# すべてをありのまま受け入れる

## ～何が起きるのかを恐れなくなると、〝いいこと〟しか来なくなる

生き方の感性の優れた人は、自分の人生にやってくるすべての現実を、真正面から受け入れて、それなりに対応しているものです。

たとえば、前項で述べた話のように、やっかいなものほど、あとまわしにすると負担は大きくなると覚えておくといいのです。やっかいなものほど、すぐに対応することで、あなたの人生に明るい瞬間が早くやって来るのです。

たとえば、人は誰でも、いやな人には会いたくありませんし、クレームや問題を抱えた人や、不本意な出来事にはかかわりたくないものです。

しかし、こちらがいくらそのようなものに無縁でいようと誠実に暮らしていても、世の中には、人をわざと困らせたり、何かを訴えることで、自分のエゴや何かしら得することや欲求を満たそうとする人もいて、そういう人につかまると、とてもやっかいなわけです。

ですから、そんなものからは、本当は、誰でも逃げたいのです。対応せずにすむなら、それにこしたことはないのです。

しかし、このような人々は、こちらがイヤがったり、精神的に負担になっていたり、逃げたいという気持ちでいることをいいことに、それをわかっていて、さらに押し寄せるところがあったりもするので、たちが悪いのです。

ところが、そんなやっかいな人たちと、一日も早くさよならして、平和を手にできる方法が実はあるのです。それは、

「素早く、気持ちよく、自発的にこちらから、明るく対応する」

ということです。

私の知人の起業家で、心理学もよく研究し、自己啓発書でベストセラーを連発させ、企業のコンサルタントなどもやっている人がいるのですが、その人は、やっかいな人たちや問題への心がまえとして、

「イヤな人には気持良く素早く立ち去っていただきましょう」

と、言っています。

つまり、相手はこちらの対応を求めている限り、対応するまでうるさいことを言ってくる人たちであるということです。

ですから、すぐに然るべき形で対応し、YesならYesと言い、NoならNoと、誠実に対応する中でご理解いただき、相手に、

「わかりました」と、正しく納得してもらって、その場を立ち去っていただくようにするというのです。

これは、人間影響心理学の中にもあることですが、人は対応してもらえたことで半分気分は和らいでおり、その後、自分を受け入れてくれた人の話はよく聞くし、自分のことを受け入れてくれた人の説明には、納得するというものです。

また、仕事や社会的な環境の中で、やっかいなことが起こるのを防ぐ方針としては、

「お客さまをこちらも選択しましょう」

「ふさわしくない方にはご遠慮願いましょう」

というようなことも、言っています。

そして、不思議なもので、

「来るものはなんでも受け入れて対応すればいい」

「なにかあったらすぐに自発的に対応しよう」

と、覚悟をし、そのような姿勢で暮らしていると、そのとたん、なぜかやっかいなことがまったく来なくなるのです。


そこには、確実に宇宙のエネルギーの法則が働いているようにも見えます。

つまり、逃げようとしないとき、追いかけようとするものがなくなり、押し

戻そうという力の働きがないから、押し込みたいというものが、発生しなくなるのです。

たとえ、追いかけたい、押し込みたいというエネルギーがやってきても、こちらが、逃げずに受け入れよう、押し戻さず受け入れようとすると、そこには、ただ物事が通るというエネルギーだけがあって、摩擦や抵抗が一切ないので、そこにはネガティブなエネルギーが一切なく、なにも問題が起こらなくなるのです。

# 厳しさを越えて深まる

## ～厳しい状況を乗り越えた者だけが得る、最高の成果がある

〝癒《いや》しの土地〟に関するさまざまな研究をする、京都大学の農学部出身者の団体が調査したデータによると、宮古島という土地は、日本でも三本の指に入る「癒し力」のある土地だそうです。

あとのふたつは、富士山、八ヶ岳です。

とにかく宮古島は、マイナスイオンがとてつもなく多く発生している土地であるというだけあって、実際に行ってみると、〝癒しの楽園〟と呼ぶにふさわしいほどの澄み切った空気のおいしい、魂から癒され幸せを感じる場所でした。

さて、宮古島には、私は本づくりの取材のために行ったのですが、そのとき、土地の人に、〝この環境だけが育てることができる食物がある〟というお話を聞きました。その食物のうちのひとつに、「さとうきび」があります。

宮古島の「さとうきび」は、他の土地で収穫される「さとうきび」などとは比べものにならないほどの高い糖度があり、皮をさいて搾《しぼ》ると、それだけで、おいしい天然のジュースになるほどです。

しかも、飲んでみたのですが、とても甘いけれど、決して甘ったるくはなく、いくらごくごくいっぱい飲んでも、ぜんぜん喉《のど》が渇かないのです。

ふつうなら、夏の暑い時期に、甘いものをたくさん飲んだりすると、かえってその甘さに喉がやられて、からからに喉が渇いて、お水などが欲しくなるくらいですが、このさとうきびの搾り汁のジュースは、天然の甘味料だからこそ、人にとても優しいのです。

さて、この宮古島独特の「さとうきび」の〝人に優しい〟〝人に思いやりたっぷりな味や性質〞は、どうして出来たのか、聞いてみると、土地の方は、こう話してくれたのです。

「実は、宮古島のさとうきびが、なぜこんなに甘いか、人に優しいか、人を思いやるものか、なぜこんなにも全国から人に求められ、人を魅了するのか、その理由をお話ししますとね、それは、ここだけの〝厳しい環境に耐えたから〞こそなんですよ。

奈未さんは、初めてこの土地に来られたので、この土地の朝夕の変化をご存じないかもしれませんが、実は、宮古島はね、日中は、ものすごく暑くて、まぶしすぎる太陽の光のせいで、目もまともにあけられないくらい、汗も吹き出るくらい、暑いわけですよ。

ところが夜になると、その暑さが嘘のようにひいていって、急激に冬のように寒くなる。

究極に暑い環境と、究極に寒い環境の両方を容赦なくこの土地のさとうきびたちは、自分の身に受けるのです。

すると、寒さに耐えようとして、さとうきびがしまるんです。しかし、暑さが戻ってくるとゆるむ……。すると、その温度差の激しさが、さとうきびの糖度を一気に上げるんですよ。

ここのさとうきびの魅力が、わかりますか？

暑さと寒さの差が驚くほどあるという、この厳しい環境に耐えるために、内面を強くたくましく深くしていたことが、甘さを引き出すきっかけになっていたということなんです」と。

それはまるで、人の成長に似ているような気がしました。厳しい環境を乗り越えてきた人だけが持っている、なんともいえない深い優しさや、人間的魅力や、甘い安堵のようなやすらぎがあったりするのですから。

# 夢を叶える感性

正しく望めば、
叶えられるものはたくさんある

Chapter 3

# ここらで変わる！　と決意する

～どうしても！　と強く心が反応したとき、新しいドアが開く

良い状況を手にしたり、望みの飛躍を叶えたりするのがうまい人というのは、自分に必要な変化を、そのつど、積極的にこの人生に取り入れているものです。

すべての物事は、変化することで成長を叶え、成長することで飛躍を叶えているのです。

しかし、ときどき、この世の中には、

「変わりたいと思うのだけれど、なかなか変われないの」という人がいたりす

るものです。

人が本当に、何かの状況や環境に、心底、拒否感を持っていたり、このままじゃ絶対にいやだと感じていたり、そこからの救いを求めていたなら、人は誰に言われなくても、変わりたい！　と、その状況をなんとかしてしまうものです。

しかし、それでも、なかなかそこから自発的には変化を持たないというのは、まだ、その状態でいてもいいとする何かしらの理由があったり、そこにいるにふさわしい要素があったり、そこでの学びややるべきことがまだ残っていたり、心底そのことで困っていないということなのかもしれません。

悩みが浅いと、人は、不平不満や愚痴を言うだけで、行動には出ないのです。

本当に深く悩んで考えた人は、ある日突然決心したかのように、変化に向かって動きだすものです。なぜなら、こんなことは、もうイヤだ!!　と、強く本気で思えるからです。

ということは、

「変わりたいのに変われないのです」

と、言っている人とは、

「変わりたいとは思うものの、変わる気がないから、変われない」のです。

「変わりたいけど、このままでもまだ耐えられる（がまんできる程度だ）」

と、いうのが正解なのかもしれません。


しかし、だからといって、そのことが悪いわけでも何でもありません。人が、どこかにとどまったままでいるのも、どこかから立ち去るのも、それなりの魂の役割があってこそなのですから。


変わりたいと思って、人の内面で、何かがくすぶりはじめ、動くようになったとき、変化はとても近いところまできています。

何もなければ、なにもそう思うこともすることもないのに、そのように自分がなるということ自体、意味あることなのです。

そして、人の魂は、そのときたいがい、それよりも上の次元に昇ろうとしているることが多く、そのとき、それまで何も感じなかったことに大きく疑問をいだいたり、変化を欲したり、新しい世界を探し出したりするのです。

また、そういった不満足な状況からでなくても、人は、変化をもってポンと飛躍をすることがあります。

それは、それまでよりも楽しい何かや夢を別の方向にみつけたときや、新しい感覚を持ったときや、やりたいことがみつかったときや、魂が加速し成功を叶えようとしているときです。

どの場合であっても、変化は、新しい運命のドアを開け、あなたを成長と飛躍の方向に導くようになっているのです。なぜなら、人は、今よりも悪くなることを選ばないようになっているからなのです。

# まず、やってみる！

〜やる前からできない理由を探さない！

やると次の展開が示される！


松下電器産業（現・パナソニック株式会社）を一代で築きあげ「経営の神様」と呼ばれ、ＰＨＰ研究所の創設者でもある、私の尊敬する大好きな松下幸之助さんは、なにかをやろうとするときに、「できない」という言葉を使わない人であったといいます。


ある時、幸之助さんが、本を出すことになったとき、

「こういう具合のカバーにしてほしい」

ということで、紙のアイデアを出したというのです。

そのとき、それを頼まれた人は、

「いや、そんなのはできません」

と、幸之助さんの意見を、あっさりと断ったのです。

すると、幸之助さんは、ひとこと、

「やってみたんか?」

と聞いたといいます。それでも、その人が、

「いえ、でも、それは特殊な加工が必要で、いま現在ないもので、つくったことものないものですから、できるかどうかわかりません」

と、言い訳をすると、

「やってから言いや。やってもみないうちに、なぜ、簡単にできないなどという言葉を言うのや」

と、言ったのです。

すると、そのときは渋い顔をしてひきさがったものの、その人はそれからいくらかの日を経て、工夫し、研究を重ね、遂に幸之助さんの言うものをつくってきたのです。

その人は、その完成によろこんで、その紙を持って幸之助さんのところにとんできて差し出すと、幸之助さんは、

「やったらできるやないか。ごくろうさん。ありがとう」

と、言ったというのです。


私はこの話がとても好きなのです。このようなことは、本当に仕事をしていると、いくらでもあるのです。


新しい本のデザインや、色づくりや、特別付録をつけることや、企画でもなんでもそうなのですが、なにか新しいものをと提案すると、絶対に、

「できません」

「そんなことは前例がないので」

「やっても無駄ですよ。誰もいままで、そんなものをつくっていませんし」

などと、やらないで済ませられるような返事をする人が多いのです。


幸之助さんの言うように、まだ、なにも、考えも、調べも、工夫も、アクションもしないうちからです。

まるで、

「そんなめんどくさいことなどやりたくない」

「つくったことのないものなどつくらせるな」

という具合にです。


そういった人たちは、労力を使うことを、何か損したような、しんどいことのような気がしているのでしょう。そうして、やったことのないことをやることに、無駄だという意識を強く持つものなのです。だから、進歩のない中に、長く浸ったままの状態が続いていたりするのです。そうして、だから、なかなか仕事で手がらや大きな成果を手に入れることができないのです。

しかし、いつでも、やったことのないことに何でもやってみようという気持ちで取り組む人は、それが叶うか叶わないかわからない途中経過の中でさえ、宝物を発見するものです。そうして、それをきっかけに、飛躍的に何かをつくったり、信じられないような素晴らしい成果を手に入れたりするのです。

そういう人が仕事ができる人であり、成功していく人なのです。

そして、そういう人はいつでも前例のないことを、不快なことではなく、チャンスだとよろこんで、チャレンジしているのです。

# 達成時点から逆算する

～達成時点を知っていれば、
あとは必要なことをやるだけで叶う

花でも野菜でもそうですが、何か育てたものを人々に提供する人たちは、それを手にしたいと求めている人々に対し、みごとに咲いた美しい花、みごとに実った野菜を届けるため、その花が最も美しく咲く時期、その野菜の需要が最も高くなる時期を知っています。

そしてその時期に出荷するためには、いつ頃に種を播《ま》き、どれくらいの肥料をやり、どのような状態のときに害虫を駆除し、雑草をぬくといいかなど、美しく咲かせ、立派に育て、人々の手に渡すまでの、すべての必要なことを、ただやっていくのです。

それらが淡々とできるのは、その時期になれば、花が咲くのだということや、野菜が実るということがわかっており、すべきことをしていく過程で、それが確実になることを知っているからです。

つまり、最初の時点から、叶うことのすべてを信じているからこそ、そのための努力を惜しみなくやれるというわけです。

また、私たち作家もそうです。

たとえば、本の発売時期を三月と決めたなら、あとは発売日から逆算して、準備期間を設けて本づくりをしていくわけです。

いつの時点から書きはじめ、いつの時点で脱稿し、どの時点で編集者に手渡せばよいかを決め、そのあと、著者校正、カバーデザイン、帯と、本にするために必要なことを順番に確実に行っていくわけです。

たとえばその場合、本の発売日が決まった時点では、まだ何も書く材料などなかったとしても、タイトル案が出てきて、方向性を決め、おおまかな目次構成などを出していくなかで、自分の中にしまい込まれていたそのテーマにまつわる情報や、知恵や考えが、何かしら出てきて、みごとに文字となっていくのです。

そのとき、そこには、「その本を期日までに完成させる」という意識があるからこそ、すべてのことをクリアしていけるわけです。

これは、前述の花や野菜を売る人と同じであり、また、他のものを世に出す人も同じなのですが、あなたが何かしらの夢を叶えたいとするならば、まず、「いつそれを達成させたいか・叶えたいか」の時期を決めることが最も肝心だということです。

時期を設定することによって、一気にあなたの意識に必要なことが上ってきはじめたり、状況として動きだしたり、形となって成り立っていくものがあり、それらが、普通にそうなると信じられていることの中で、確実になっていくのですから。

時々、「私の夢はいつか叶うでしょうか?」などと、聞いてくる人がいますが、夢や目標というのは、叶うのか叶わないのかというおまじないのようなものではなく、自分が叶えるのか叶えないのか、結果は意志の力も大きく影響しているものなのです。

どんな夢にも言えることですが、夢は期限をつけない限り、それはただの幻になります。

しかし、いつという時期をつけることによって、それは明確な目標となります。そして、目標となれば、あとはその達成期日から逆算して、一つひとつすべきことをこなしていくだけでいいのです。

夢をいくつも叶えている人というのは、そのシミュレーションがすでに完成されており、夢の種類が違っても、期日から逆算して、すべきことを順にこなしていくことで、物事が形になるように動くことを知っているので、安心してそれを何度でもやれるようになっているのです。

もしもあなたが、いま叶えたい夢があるのだけれど、何から手をつけたらいいかわからないというときは、達成期日を設定し、そこから逆算して、いつまでに何をしていないとこのことは動かないというのを見極め、まずできることから手をつけてスタートさせていけばいいのです。

そのときに、その夢を叶えるすべての手段や方法を知っている必要はありません。なにも心配しないでください。

ただ、最初の一歩を踏み出すと、次の場面がやってきて、取り組まないといけなくなります。

そのときに、疑問や、わからないことや、必要人数、必要資金が発生しますが、また、その時点その時点において、前に進むためのアクションをとりつづけていくと、叶えるために必要なすべてをさせられたり、なされたりするようになっていき、遂には叶う瞬間を迎えるようになりますから。

物事は動かしてはじめて、そこから変化を生じさせ、なにかを形作ろうとするものですから、変化させながら、進み行く時間の中で、解決を手にしていけばいいのです。

# 途中経過を見守る

## ～何かがストップされるとき・キャンセルされるときの見守り方

夢に賭《か》けたり、何か目標に向かっているとき、その途中経過では、ときには物事が停滞したり、キャンセルになったり、おじゃんになったりして、うまく成りたたないものが出てくる場合があります。

そんなとき、生き方の感性の乏しい人は、

「よくないことが起こった！」

「ダメになってしまうなんて、なんて不幸なの」

「私ってどうしていつもこうツイていないのかしら」

と、その目の前のことだけにとらわれて、気を落としたり、騒いだり、泣いたりすることがあるのです。が、決してそうではありません。

理解する能力の乏しい人や、往生際《おうじょうぎわ》の悪い人などは、さらにそこから、それがもう、だめになったあとまでくいさがって、関係する人に、「どうしてですか!!」「なんとかしてください!!」と、訴えにいってまで、何が何でもそれを復活させようとしたり、成り立つようになんとか圧力をかけようと働きかける人がいるのですが、それはあまりにも、そのことの意味を無視しすぎているのです。

宇宙はいつも、その人のために良いものならば、なにもその人から取り上げたりすることはなく、それがその人の手にできないということは、その必要がないからなのです。その時点の、その人にとっては。

物事というのは、大きくとらえることが必要であり、先を見渡すことが必要なのです。

たとえば、生き方の感性が豊かな人は、こんなときは、こう受け取るのです。

「このことがキャンセルになるというのは、いますべきことではなかったのかもしれないわ」

「これが私にやってこないということは、私にとって、いいものではなかったのかも」

「まぁ、別の時期にということなのね」

「これがおじゃんになるということには、何か意味があるはず」

などというように、肯定的に受け止めて、様子を見ることができるのです。

というのも、生き方の感性の豊かな人は、この人生を守られていることも肯定しているので、いちいち、そうなったからといって、騒ぎたてないのです。

多くの人は、なにかがだめになる=良くないこと、というようにとらえがちで、なんとか成り立たせることにやっきになったりするのですが、キャンセルになったり、おじゃんになることで、その人が守られているということは、たくさんあるのです。

たとえば、乗ろうと思っていた飛行機が台風か何かしらの事情で、キャンセルになったときも、

「そういうことなんだな」

と、ことが運ばない事情を、ちゃんと肯定できる人は、その場その場で守られていることをしっかり受け止められる人なのです。

このとき、「なんとか飛行機をとばせろ!!」と、くいさがっている人は、なぜそれが起きているのかも、そこで自分が守られているからこそ起きているのだということも知らないのです。

そうして、そんなことがあるたびに、必死に、しなくていいことや、その時に必要ではなかったものを受け取ろうとして、そこから新しくやってくる運気をぶち壊すようなことをするのです。

守られているということがわかっていれば、人は、どんな事情も、肯定的に

受け止められるようになり、結果がどう転んでも、よしとすることができ、そこからまた新しいチャンスや良いものや、別の宝物を手にできるようになっているのです。

# さらに良いものを受け取る

## ～やるだけのことをやっていたら、神様の抜擢《ばってき》を受ける！

前項で述べた、何かがキャンセルになったり、おじゃんになったり、成りたたなかったことにも意味があるということに、まだ納得いかない人のために、補足のお話をしておきたいと思います。

たとえば、夢に賭けていたり、何かの目標に向かっている途中で、そんなことが起こるというとき、たいがいその直後に、あなたにとってさらに良いことが待機しているものです。

それを現実化させるために、あなたの時間や都合や労力を確保する必要があって、宇宙は、必要ないものをすべてどけてくれているということです。

なんでもだめになるときは、それよりもいいものがそのあとすぐにやってくるのだと思って、くつろいでいてください。

実は、こんなこともあるのです。

アメリカであるミュージカルのオーディションを受けた日本人女性がいて、その方は、そのオーディションにすべてを賭けて臨んでいたのですが、落ちてしまったのです。

彼女は、落ちたということで、一瞬、とても落ち込みましたが、その結果を、自分なりに受け止めて、静かにしていました。

すると、どうでしょう!!

彼女の魅力や才能を高く評価していた、その時の審査員の一人が、
「君に僕は票を入れたんだ。しかし、落ちるという結果になって僕はとても悔しかった。どうだろう、僕の主催するミュージカルに出てみる気はないか?」
という申し出があったのです。

しかも、それは、最初に受けたオーディションより格段にスケールの大きい有名なものでした。しかも、最初に受けたオーディションでは、その他大勢の配役として受けたものでしたが、落選後にやってきたこの申し出は、なんと主役に大抜擢のものだったのです。

このように、すべてのことは、その人にとって最も良い結果として手に入るようになっているのです。

しかし、そういった守られ方をしたことのない人は、なかなかそれを理解できないし、自分が守られているということを信じられないでいるのです。

しかし、一度でも、本気で自分のすべてを出し切り、やるだけのことはやったというところまでくることを経験すると、それがどんな展開をするのか、奇跡のような結果を見ることができるようになります。

私も、関西の会社をリストラされたちょうどその日、作家として、始められるような次のオファーを受け、東京にこないかといわれたのです。会社をリストラされていたおかげで、時間や都合を気にせず、ただ原稿を書くことに没頭できたのです。そうして、いまがあるのです。

ちなみに、やることをやっていないときというのは、〝やることを自分がやっていない〟とわかるから、不安になり、守られていることも信じられなくなり、なにかが成り立たないということに、いちいち大きく落ち込んでふさぎこむということになってしまうのです。

次の良きことはすぐにやってくると思えるようになるには、いつも、叶えたいことには自分を出しきる！　ことです。

# ミッション(使命)に沿う

## 〜松下幸之助さんの言葉に学ぶ「夢の道の歩き方」!

時々、人間というのは、自分の歩いている道だけが辛く苦しく険しいもので、自分以外の人は、みんな楽で、何かにつけ恵まれツイているようで、自分より幸せそうに見えて、嘆きたくなることがあるものです。

しかし、自分より、何もかもがうまくいっているような人や、大きな成功を収めた人や、なにかしら一角の人物に話を聞く機会があって、その生き方を聞いてみると、なんと、自分などよりも何倍もの苦労をしてきていたり、人知れぬ努力をしていたり、どん底というどん底を味わっていたりすることがあります。

そして、たとえ、一時的な失敗（本当は失敗というものはなく、すべてが次へ続く成功の種なのですが）や、成果なしを経験しても、おそれず、また再び立ちあがって、自分を生かすことをしているのです。

そんなことを話に聞くまでは、まったく知らなかった自分は、すべての真実を知らされ、本当に恥ずかしいという気持ちになることがあります。

その人が、あまりにも日頃ゆうゆうとしていたたし、毎日何も困ったことがないかのようにニコニコしていたし、平和で穏やかそうにしていたし、まるで苦労したことがないかのようなそぶりでいたので、その隠された生きざまを知るよしもなかったのですから。

さらに詳しく聞いてみると、そこには、涙なくては語れない物語があったり、

「よくそんなことを、乗り越えてこれたものだ」という、感心し、頭の下がる思いのするようなことばかりで、その人なりのミッションのようなものを感じずにはいられないことがあるのです。

しかし、そういった人たちがぜんぶ自分より強い人なのかというと、それもまた誤解で、同じように弱さも脆《もろ》さも持っていて、悩み苦しみもがいていた、同じ人間であるわけです。

では、そういった人たちが、その他大勢の、何かあったら、ちょっとのことで不幸だおしまいだと言って騒いでいる人たちと何が違うのかというと、それこそが、抱えている「生きる使命（ミッション）」の違いであるように感じます。

ミッションを抱えて自分の人生を生きている人というのは、人生に起きたことを、それがいいこと悪いことに限らずすべて、自分の生きるべきものとして、懸命に受け止め、逃げずにより良く生きんとするあり方を持っているのです。

そのあり方は、苦しんだからこそ出逢えた宝物のような物事のとらえ方であり、信念であるのです。

その心の感性があるからこそ、どんなときも、いつもいい顔をして、輝いていたというわけなのです。

そんな人たちのことを思うとき、私には思い出す大好きな詩があります。

それは、松下幸之助さんの、ミッションいっぱいの詩です。

この言葉には、どれほどの勇気をいただいたかわかりません。言葉が人の心を打つとき。そこには、その人なりの人生を歩いてきたすさまじいミッションのエネルギーがあふれているのです。

次にご紹介しておきましょう。

## 道

自分には自分に与えられた道がある。
天与の尊い道がある。
どんな道かは知らないが、ほかの人には歩めない。
自分だけしか歩めない、二度と歩めぬかけがえのないこの道。

広い時もある。せまい時もある。
のぼりもあればくだりもある。
坦々《たんたん》とした時もあれば、かきわけかきわけ汗する時もある。

この道が果たしてよいのか悪いのか、思案にあまる時もあろう。
なぐさめを求めたくなる時もあろう。
しかし、所詮《しょせん》はこの道しかないのではないか。

あきらめろと言うのではない。
いま立っているこの道、いま歩んでいるこの道、
ともかくもこの道を休まず歩むことである。
自分だけしか歩めない大事な道ではないか。
自分だけに与えられているかけがえのないこの道ではないか。

他人の道に心をうばわれ、思案にくれて立ちすくんでいても、
道はすこしもひらけない。
道をひらくためには、まず歩まねばならぬ。
心を定め、懸命に歩まねばならぬ。

それがたとえ遠い道のように思えても、
休まず歩む姿からは必ず新たな道がひらけてくる。
深い喜びも生まれてくる。

『道をひらく』(PHP研究所刊)より

# お金を築く感性

## リアルに思い描くほど大金がやってくる

Chapter 4

# 金運のツキ方を知る

〜金運は、ある日突然、垂直上がりで上がるもの！

お金にまつわることでも、生き方に金運感性のある人は、みごとに豊かな生活を手に入れているものです。

そもそもお金は、エネルギーの交換物で、あの紙幣という物質を流動させているのが、人の思いのエネルギーなのです。

そのエネルギーを豊かさで満たすことに成功した人が、現実に巨万の富をつくりだすことに成功しているということなのです。

たとえば、あなたは、金運が増えるとき、二十万円が三十万円、三十万円が四十万円と、少しずつ徐々にお金が入ってくるようになると思っていませんか？

実は、大きな金運がツイたときというのは、三十万がいきなり一千万！とか、三十万からいきなり年収三千万、そこから突然、億万長者とかいうふうに、垂直に跳《は》ね上がる性質も持っているのです。

実は、金運のエネルギーというものには、ある一定の沸点《ふってん》みたいなものがあって、その地点のところに来るまでは、なんら大きな変化を見せないので、まるで金運なんてまったくツイてないかのように感じるのです。

しかし、金運がその沸点に達したとたん、このお金は一体いままでどこに隠れていたのだろうと思うくらい、お金がどっさり天から降ってくるようになるのです。

この「お金が天から降ってくる」という表現を、誰が最初に言ったのかわかりませんが、本当に高いレベルの沸点に達した豊かさの気のエネルギーは、大金を、これでもかこれでもかと、ひとりの人間に集中的になだれ込ませる働きをするのです。

このことは、お水を火にかけて、お湯を沸《わ》かすときのことを思い浮かべていただけるとわかりやすいかもしれません。

たとえばあなたが、「コーヒーを飲もう」と、思って、お湯を沸かしているとき、火というエネルギーをお鍋にかけていくと、プツプツ泡が出てくるようになりますね。そして、そのときはお水には生ぬるい変化しかなく……。

しかし、しばらくそうやって、豊かに水にエネルギーをかけ続けると、ある一定のエネルギー量まで火がお鍋にかかったときには、水は、ボコッボコッボコッと、一気に沸き上がって、熱いお湯になるでしょ。あれと同じ状態なのです。

沸点みたいな状態がそのお金のエネルギーにもあるのですが、それが来たときに、一気にお金が現実の中に現われるということなんです。

あなたが、何かしらの金運アクションをやっているのになかなか成果が出ないというときは、まだ、その沸点に達していないので、めぼしい変化がみられないだけなのです。

しかし、もう充分にお金にまつわることに、豊かな思いや、豊かな行為や、豊かな働きをしているのに、かなり結果が出るのに時間がかかっているというようなときは、あなたのために金運が、とてつもない高い沸点までいこうとしていて、そのとき、それに達したときには、桁はずれな、想像もしなかった大金が、あなたになだれこんでくるようになっているのです。

# 欲しい金額を億にする

## ～億万長者になりたいなら、欲しい金額に億の数字を書く！

もしもあなたが、いまよりも、もっと「お金持ちになりたい！」と、思うなら、いったいどの程度のお金持ちになりたいのかを明確にすることです。

そして、それを達成したとき、あなたはどのような暮らしをしていて、どのようにふるまっているのかを、まず映画のワンシーンくらいの長さでもいいので、心の中でビジョンとしてみておくことです。

お金持ちになる覚悟をするときに一番いいのは、達成した生活をイメージすることが大事なのですが、同時に、いくら欲しいかをまず自分で自分に正直に伝える必要もあるのです。

なぜなら、人は、知らないものを叶えようがないからです。

それを知るために最もいいのは、まず紙に欲しい金額を実際に数字を書いてみることです。

すると不思議なことに、

「わかりました。お金持ちになる覚悟をします！」

と、言うわりには、

「じゃあ書いてみてください」

と、言って書いてもらったら、すぐには、「億という金額」が書けないでいる人が多いのです。

たとえば、今、年収四百万円ぐらいの人だとしたら、

「一千万円ぐらいあったらいいかな」と言って、一千万円と、書いてしまうわけです。

それでは、億万長者にはなれないのです。

その一千万円は、目標じゃなくて通過点にしないとダメなのです。

わかりますか？　書くのは、絶対に最終的に欲しいとしている望みの大きな数字でなくては意味がないのです。


なぜなら、億万長者になりたいと言っていて、その途中経過に過ぎない一千万円と書いても、意味がないからです。

たとえば、あなたが渋谷から新宿に行こうと思ったら、手帳に書く行き先は、最終地点の新宿と書いているはずなのです。

途中経路の原宿とは書かないわけです。そんなことを手帳に書いていたら、混乱するのです。

# リッチにふさわしい人になる

## ～そうなるのが当然というあり方から それは叶えられる

あなたが、豊かな人生をたやすく叶える方法のひとつとして採用してほしいのは、〝自分はリッチな人生を手に入れるにふさわしい人間だ〟と、思うことです。

自分はそうなるに値するということを自分に告げるとき、その人は、同時にそれを手にする覚悟をはじめたことにもなるのです。

なんでも、本当にそうなれるのかどうかと不安に思っていたり、疑ったりしているうちは、それを叶えることから遠いのです。

人は、自分がそうなれると思っていないものに、ビジョンを描くこともできなければ、形にするために時間や労力をそそぐこともできないからです。


さて、人は、お金持ちになりたい！　億万長者になりたい！　と口では言うものの、すんなり希望の大きな数字を億単位で書けないのはなぜでしょうか？　単なる遊び感覚だというのに、なぜ、億という数字を書こうとすると気がひけるのでしょうか？


それは、億という単位が、その人の中ではまだひとごとであり、自分に関係するものだという自覚がないからです。

億という金額は、なぜか、今の自分にとっては、手にできるということが嘘っぽいわけです。書いていることが気休めのような気持ちもするわけです。

しかし、自分が手にする金額なのだと自覚するほどに、本気でその数字を書けるようになるものです。

この「欲しい金額を書く」という遊びは、いろんなことを自分に教えてくれます。

たとえば、どの程度のお金に今困っているかとか、だからこそ最低どの程度は欲しいかとか、この程度なら何とかがんばれば稼げるかもという金額とか……。

そして、どの程度の金額を書くところから、現実味がなくなっていっているのか、さみしい気持ちになっていくのかが、はっきりと自分でわかってくるのです。

大きい金額を書いてもいいと言っているのに、その大きな金額を書いてしまうと、なぜ、さみしくなるのかというと、「どうせ無理だ」と、感じてしまうからです。

なぜ、無理だと、感じてしまうのでしょうか？

それは、いまの年収を稼ぐのも、朝から晩まで汗水たらして休日返上で働いているのだから、その数十倍以上の数字を稼ぐなんて不可能だと感じるからです。

しかし、ここでもうひとつ、お金の特徴をお伝えしておかなければなりません。

それは、お金というのは、あなたが必死に働くことで億になるのではなく、あなたがいまより楽しく、よろこんで、わくわくするほどに、叶うものだということなのです。

そのことを次の項で、お伝えしましょう。

# お金を自分にまわらせる

## ～楽しさ・よろこび・わくわくを仕事にすると、お金がなだれ込む

お金持ちになっている人は、時給や月給の働きで億万長者になっているのではないということを、まず、知っておいてほしいのです。

お金持ちの人は、たいがい、収入経路をエネルギーとしてつなげており、複数の回路を持っており、それが月一回ではなく、何度でも入金があるシステムになっているということです。

そして、世の中に流れているお金の川の流れにいち早く目をつけ、その流れを自分の仕事のほうに、パイプのようにつないでいるということです。

さて、前項でお話しした、お金持ちになろうと思った時、自分が稼ぐことを考えたら無理だと感じて、大きな数字を書けないということの説明の続きですが、お金というものは、自分で稼ぐものではないということを知っておいてほしいのです。

もちろん、仕事をしないとお金はどこからも入ってこないので、仕事をするわけですが、それも好きな仕事をするほどよく、自分が楽しむほどに、よろこぶほどに、そして、他人にもよろこんでもらえるほどに、お金がどっさりあなためがけて勝手に入ってくるようになるということなのです。

あなたが汗水たらして働くことによって必死にお金を積み上げるというのではなく、億というお金は、世の中という天から、まわりまわってあなたのところにやってくるということなのです。

お金というのは、紙でできた物質なわけですが、そのお金が誰かの懐に入ったり、出たりするのは、そこに、そのお金を持っている人の意志（感情・エネルギー）があるからで、その性質に応じて、お金は人と人のあいだも、どんなふうにでも動きまわるものなのです。

そして、大きく出せば大きく入ってくるというように循環させるほど巨大化する性質を持っているのです。その性質に最も良く反応するのが、他人がよろこぶものを提供するということです。こんなことをお伝えすると、「なんだ、それじゃあ、今の会社でサラリーマンをしていたら、億万長者になれないのか」と、思う人も出てくるでしょう。

しかし、そのことを本気で考えはじめ、億万長者になろうと決心した人は、たいがい三～四年のあいだに、進路変更を受け入れ、叶えるために違う人生を自らの選択によってしているはずなのです。

なぜなら、億万長者になりたいと本気で思ったということは、本気であるかぎり、行動がともなうのが自然だからです。

人間が本気になって目標を設定するときは、だいたい三年以内とか、長くても四年以内に設定します。五年後というのはありえないのです。それはまだ本気ではなく、おぼろげな夢なのでしょう。

三年ならあっという間に来ますが、五年というのはかなり先になる感覚があります。ですから、本気ではない人は、三年などという短いスパンで、自分の人生をガラリと変える気など起こらないのです。

# 幸運を
# 惹き寄せる
# 感性

幸せになる決心をしたとたん、
宝の山に出逢うもの

Chapter 5

# 神様への正しい祈りをする

## ～まずはお礼を述べ、叶えたければ祈らない！　という法則

江戸時代初期の剣豪で、最初の決闘に十三歳という若さで勝利をおさめた宮本武蔵という人物は、その後、六十数回にもおよぶ勝負には、一度も負けたことがなかったといわれる人物で、死の直前には、『五輪書《ごりんのしょ》』を書き著しています。

この『五輪書』は、兵法書、戦闘術教本としての内容のものですが、後の人々には、処世訓や、座右の書、のようなかたちでも、読まれています。

さて、この宮本武蔵、戦いに出る時には、必ず近くにある神社で、手をあわせていたというエピソードがあります。

あるとき、宮本武蔵は、

「今度の戦いは、命が危ないかもしれない……。生きて帰れるであろうか……」

と、いつになく不安になったのです。

そして、そんな気持ちを抱えて、神社にお参りにいったとき、つい、「神様、どうか敵をやっつけてください。私に勝たせてください」と、懇願し、その場を去ろうとしたのです。

しかし、そのとき武蔵の頭に、ふと、こんなことがよぎったのです。

「いや、待てよ。敵をやっつけてくださいと祈るというのは、相手を殺すという意味ではないか。もしその祈りが叶えられるというのなら、それは、誰かが死ぬことを願うのも同じこと。

だとするならば、そんな人殺しをイメージすることを私が祈り、それが叶うとするならば、神様は人殺しを叶えることになる。そんなことを叶えてはいけないのではないか」

と、思ったのです。そして、次の瞬間、

「ここでは何も祈るまい……。よく考えてもみろ、……ただ、感謝ではないか……。ここに、今日、こうして、参らせていただくことのできる自分の身があるということこそ、何よりも神様に守られていてのおかげではないか。ならば、そのことをまず感謝せずして、なにを祈るというのだ。なにが戦に勝たせろだ。それは違う！　感謝を……感謝をすべきなのだ！」

と、思いなおし、ふたたび、神様の前に行き、

「ありがとうございます。今日の私のこの身がありますことを、ここに今日、無事参らせていただけますことを、感謝いたします。ありがとうございます」

と、それだけを心に、手をあわせたのです。

すると、そのとたん、武蔵の中には、なんともいえない安堵の気持ちが訪れたのでした。そして、その結果、戦いを無事終え、武蔵は、勝利して帰ってき

たというのです。

不思議なもので、祈りというのは、自分がそれが叶えられることを疑っているとき、懇願したり、泣きつくようなことをしてしまうものです。

しかし、なにごとにも恐れず、ただ、すべてを天におまかせしようという気持ちで、その結果起こることを信頼するという気持ちで祈ると、感謝しか出てこなくなるのです。

そして、何も祈らなければ祈らないほど、すべてが叶えられていくという不思議な守られ方をするのです。

# 恵みを数える

## ～恵みを知るほどに、さらにどんどん増えていく恩恵の法則

ことの大小にかかわらず、自分にやってきているあらゆる恩恵に、感謝をささげると、感謝すればするほど、それに比例するかのように、さらに新しい恩恵がやってくるようになります。

宇宙は、なんでもあなたが意識をフォーカスしたものを、拡大してもたらすという作用があるので、良いことにも、恵みにも、あらゆる豊かさにも、気づき、感謝し、称えることを習慣にできるようになると、人生はいいことだらけで満たされるようになっていくのです。

たとえば、何か目に見える形で自分にやってくるプレゼントだけが恵みではなく、目には見えない恩恵も数々あります。たとえば、こうして、恵みを知ろうとそこに気持ちを向け、手をあわせようという時間を持てるだけでも豊かな恩恵であり、そこからの時間を宝石のように輝かせてくれるものです。

逆に、自分にはあれがない・これがない、それが足りない、まだ持っていないなどと、不足や欠乏や、恵まれていないことへの不平・不満は、さらなる欠乏や困窮を引き寄せてしまうのです。

同じ時間を使って、何かに自分の意識や思いやエネルギーを向けるなら、拡大してもいいものに、意識を向けるべきなのです。

また、最も恩恵が運ばれやすい状態というのがあり、その状態にいるだけで、素敵な運命の流れがやってくるのです。

それは、あなたが生きていることによろこびを感じていて、ありのままの自分を生かしているときです。

あるいは、他人のために、心が晴れるような明るい言葉をかけているときや、人を励ましたり、応援したり、祝福したりしているときや、他人の幸せを願っているときです。

生き方の感性が、恩恵を受けるとてもいい状態になっている人がいます。それは、自分自身との折り合いがよく、他人とも折りあいがつけられる人で、いつも機嫌のいい自分を保てるような人です。

そういった安定した自分でいてこそ、すべての恵みに気づけ、さらなる恵みも与えられるようになっているのです。

# 幸せ側になびく

## ～「幸せ」という言葉は魔法の言葉！口にするほど奇跡に満ちる！

言葉は、響きであり、現象をつくるものだということを、弘法大師（空海＝高野山真言宗・密教の開祖）は、密教の教えの中で、伝えています。

言葉は、どんな言葉も、それ特有の音を持っており、その音が響きであり、エネルギーなのです。あらゆるエネルギーは、それに見合った性質のものを、現実にこしらえるようになりますから、幸せになりたいという人は、幸せになる言葉を口にしていることです。

言葉をつぶやくとき、たとえそれが他人に聞かせるわけではなく、自分一人で言っているだけだとしても、言葉を細胞が聞き、各器官が聞き、その言葉の振動エネルギーの作用を受けると、その影響は、あなたを通して、そのことの意味を外界に現すべきさまざまな変化を起こし、物事をゆるがし、言葉のとおりに再現するように動いていくのです。

ですから、現実化したくない言葉は口にすることをさけ、良い言葉を言うようにするといいのです。

たとえば、「幸せ」という言葉を何かにつけて言うようにすると、それを音にして放つほどに、幸せだと感じることや、幸せな出来事が、どんどんやってくるようになるのです。

言葉は、それ自体、言霊《ことだま》を持っているので、口にするということは、それを〝呼んでいるということ〟で、呼ばれたものは、呼んだ人に応えるべく、やってくるようになるのです。

ですから、なにかにつけいいことがあるときには、素直に、「幸せ」と、声に出してつぶやく習慣を持つといいのです。

また、何もいいことがなくても、呼びこむために、先に「幸せ」という言葉を口にし、よくないことが起こったときにも、事態を好転させるために「幸せ」と口にするようにしていると、幸せがおもしろいほど効果的に現れます。

かつて私は、辛く悲しい現実の中で、幸せとはまったく無縁である時期を送っていたとき、「自分も幸せになりたい！」という心の叫びを聞いてしまい、それからは泣きながらでも、この「幸せ」という言葉を口にするようにしていました。

すると、いつのまにか、どの瞬間からか、すっかり事態が良くなっていて、毎日幸せだと思える、いいことたちに囲まれるようになってきて、精神的にも経済的にも、あらゆる面で、幸せが訪れはじめたのです。

生き方の感性が幸せ路線な人は、いつも自らの心で何を感じるのかにも、責任とポリシーを持っていて、ほしい幸せを呼び込んでいるものです。

# 生きているうちに幸せになる

## ～どんなに辛い中でも死ぬ気になれば何でもできる、運が好転する！

幸せになるために努力していても、ときには、成果が思うように現れなかったり、やったことが報われなかったり、いっこうに何も良くならないときというのはあるものです。

人生があまりにも、何も変化をみせてくれないとき、というか、幸せを望んでいるのに、何かしらさらに悪い方向に行っているような気がすることさえあって、そんなときは、生きることや、幸せ探しが辛くなることがあります。

とくに、体が弱っていたり、何かしら病を抱えてしまっているときには、前向きに何かを考えようにも、考えられないことがあるものです。どんなにポジティブな人でも、絶望的な気持ちになるときはあるもので、そんなときは、「死にたい」という思いが頭に浮かぶことも一度や二度あったのではないでしょうか。

私にも、人生がどうにも上向きにならず、どん底に突き落とされたときがあり、いま思えばおろかなことに「死」を選ぼうとしたことがあります。

しかし、そんなあるとき、弘法大師（空海）の歴史物語の中でこんな話をみつけ、ハッと目が覚め、それ以降、死にたいなどとは決して思わないような自分になれたのです。

もしも、あなたが、生きるのが苦しいと感じたときに思いだしていただけると、うれしいです。それは、こんな話です。

あるとき、すでに高僧になっていた空海が、弟子たちと一緒に、民衆を救う修行のために山を下りていくと、途中、疫病《えきびょう》が多発し、死者や疫病患者がなすすべもなく苦しみもがき、パニックになっている村にさしかかりました。

その村に入った瞬間、空海が見たのは、まだ発病していない民衆が、すでに疫病にかかった親子のいる家を燃やして、疫病を鎮めようとしていたところでした。

空海は、弟子たちとともにそれをやめさせ、助けようと、疫病患者を安全な場所に移動させ、「私たちが助ける」と伝え、患者たちの体をあたためため、その場で薬草を調合し、加持祈禱《かじきとう》をしようとしたのです。

すると、疫病にかかって苦しむ一人の女性が、自分の身に絶望し、空海にこう言ったのです。

「お坊さま……。どうか、私を楽にさせてください……。

どうか……もう…、逝《い》かせてください……」と。

それを聞いた空海は、こう言ったのです。

「逝ってどうする？」と。

するとその女性は、涙を流して、こう訴えたのです。
「生きていても……なにも、いいことなんてありません……。
こんな体になってしまって……。ただただ辛いだけです……。
だから、もう……成仏させてください」と。

すると　空海は、こう言いました。
「この世で成仏せずして、人はあの世でどうして成仏できよう……。
この父母からもらった大切な体のあるうちに幸せにならずして、
どうして人は救われよう………。
この世で成仏できてこそ、あの世での成仏があるのだ。
この世で生きて、この体のあるうちに幸せになるのだ。
さぁ……。体をあたため。薬を飲むのだ……。
この大自然をみるがいい……。

こうして風が吹き、明るい陽が射し、宇宙全体が、
こうして生きているように、
自分の心の中に風を吹かせて、自分の心の内側から光を放ち、魂を輝かせるのだ。
そうやって宇宙とつながり、ひとつになれば、
生きる力を得られるのだ」と

そして薬をこしらえ、必要な手当てをほどこし、加持を行い、衆生たちを、疫病と生きる苦しみから次々と救っていったのです……。

体が病むのは生きているからであり、心が病むのもまた、生きているからです。すべては生きているからこそのことなのだから、生きるということには意味があるわけです。

誰もがいつか、この魂を宇宙に返すその日まで、生きている必要があるから

こそ生きているということを知り、そのあいだに幸せをつかむ努力をしつづけることが、この命を肉体に宿し、地上に降ろしてくれたことへの、天へのお返しなのです。

生きているうちに、幸せになろう!
生きているうちに……

# 感謝をこめたあとがき

生き方というテーマは、あまりにも大きすぎるので、的を絞って何かをお伝えするというのは、とても難しいものです。

しかし、どのような生き方を叶えるのかというのは、日常的な自分の思考ぐせや行動ぐせが大きなポイントになっている気がしていましたので、その中で、私が〝とにかく、今回は、このことだけでも〟と思うものを書かせていただきました。

思考や行動のくせになっている感覚といっても、そこにもまた、人によって深さや高さや幅もあり、人それぞれなので、どういった方たちに向けてという人の的を絞るというのも難しく、それもまた、私がよく聞く悩みをヒントとして項目立てしました。

今回、あとがきを書くときに、〝私自身がこの本の中で一番伝えたいことは何だろう〟と、考えていたら、

「自分を幸せにする」

「ミッションに沿う」

「生きているうちに幸せになる」

ということだと、思い浮かびました。

なにか辛いことがあったときには、この項目だけでも再び読み返していただけると幸いです。

「いい生き方」という、答えがあってないような、ばくぜんとした大きなテーマを前にしたとき、人は、「いい生き方って何だろう?」と、考えさせられることでしょう。

その答えになるかもしれない、素敵なヒントがここにあったので、最後にお

伝えしておきたいと思います。

それは、この本の出版社であるPHP研究所のPHPの意味です。

PHPというのは、実に素晴らしい〝いい生き方の感性〟を示してくれているように思います。

P ⇩ Peace（平和）
H ⇩ Happiness（幸福）
P ⇩ Prosperity（繁栄）

と、いうものですから。

この意味を思うとき、私は、

「心の平和なくして、真の幸福はあらず、それなくして、なにものも繁栄しない」と、感じます。

また、「心が平安なら、幸福で満たされ、幸福に満たされたら、繁栄していくのも簡単であり、当然のごとくそうなる」とも、感じます。

だから、誰もがまずは、心の平和が保てる日常を、自分自身をいい状態で確保することを習慣にできるといいなぁと思います。

☆

今回、この本が世に出るチャンスを与えてくださった岡修平編集長に、心から感謝いたします。ありがとうございます。

この本をつくるやりとりの中で、お逢いしたときに、岡編集長が私にくださった言葉は、私の心をどれほど平和に幸福にしてくれたことでしょう。

「僕は、流行《はや》りすたりのものではなく、長く愛される本をつくりたい。佳川さんの言葉や書いたものや話したことを、全部この世に残しておきたいんです。なぜなら、僕も佳川さんの書いたものに救われたことがたくさんあったからです」

そう言ってくださったとき、私は、ハードなスケジュールの中で、体調を壊しかけていて、いつもの自分の調子を失いかけていたときだったので、その言葉のおかげで、私のほうこそ、どれほど救われたかわかりません。

そのあたたかい言葉のおかげで、私は本来の自分に戻るきっかけをもらい、再び大切なもので満たされ、パワーを得たからです。


いい生き方を自分ができないでいるときも、いい生き方をしている人がそばにいたり、いい生き方を叶えるきっかけになる出来事が与えられるだけで、人は、それまでの不本意なものを一掃して、その瞬間、いい生き方を手に入れることもあるものです。

それを教えてくださった岡編集長、本当にありがとうございます。

そして、私の作家としての幸福のすべてをあと押しし、あたたかく支えてくださっているすべての読者とファンのみなさまに、心から感謝いたします。

本当にありがとうございます。ありがとうございます。

佳川奈未

# なみちゃん本一覧☆

## ★キラキラなみちゃんのマガジンハウスの本

★『幸運予告』～世界一ハッピーなこれが本当の惹き寄せの法則
（初めての語りおろし特別CD付《約40分収録》）／マガジンハウス

★『成功チャンネル』～夢を叶えて幸運なお金持ちになる！
（初めての語りおろし特別CD付《約40分収録》）／マガジンハウス

★『一瞬で運がよくなる！　お祓い＆パワーBOOK』／マガジンハウス

## ★理想の自分を手にいれるシリーズ

★『お金持ちになる女、なれない女の常識』／PHP研究所

★『なぜかいいことが起こる魔法の習慣』／PHP研究所

★『幸運力のある女、ない女の常識』／PHP研究所

★『願いがかなう100の方法』／三笠書房

## ★自分本来の幸せを生きるシリーズ

★『Birthday Promise あなたに奇跡を起こす幸せのシグナル』／大和書房
★『The Message of Life. あなたの幸運を約束するソウル・ミッション』／大和書房
★『本当に大切なものはいつも目にみえない』／ＰＨＰ研究所
★『船井幸雄と佳川奈未の超☆幸福論』／ダイヤモンド社

## ★幸せな奇跡を起こすシリーズ

★『恋とお金と夢に効く！　幸せな奇跡を起こす本』／ゴマブックス
★『幸せがむこうからやって来る！』／ゴマブックス
（これは、『恋とお金と夢に効く！　幸せな奇跡を起こす本』のバージョンアップ第二弾となる奇跡内容ぎっしりの感動作！）
★『恋とお金と夢に効く！　奇跡につながる転機のサイン』／ゴマブックス
★『すべては必然！』～あなたを護る宇宙のしくみ30／ゴマブックス

## ★佳川奈未のサクセスシリーズ

★『成功感性』～好きなことして楽しみながらリッチな女になる方法／ゴマブックス
★『成功感性2』～さらにシンプルにゴージャス・リッチになる方法／ゴマブックス
★『超☆インスピレーション』～幸運が降ってくる"ひらめき"の法則／ダイヤモンド社

## ★なみちゃんの素敵文庫シリーズ

★『運のいい女、悪い女の習慣』／PHP研究所（PHP文庫・書き下ろし）
★『成功する女、しない女の習慣』／PHP研究所（PHP文庫・書き下ろし）
★『幸福感性』／PHP研究所（PHP文庫・書き下ろし）
★『ありがとうの魔法力』／PHP研究所（PHP文庫・書き下ろし）
★『恋とお金と夢に効く！　幸せな奇跡を起こす本』／ゴマブックス（ごま文庫）
★『恋とお金と夢に効く！　あなたにすべてをもたらす惹きつける法則』／ゴマブックス（ごま文庫）
★『恋とお金と夢に効く！　願いを叶えるシンクロアンサー』／ゴマブックス（ごま文庫）

★『捨てればひろえる幸運の法則』／幻冬舎（幻冬舎文庫・書下ろし）

★『きっと恋がうまくいく魔法の習慣』／三笠書房（知的生きかた文庫・わたしの時間シリーズ）

★『30分で運がよくなる魔法のノート』／三笠書房（知的生きかた文庫・わたしの時間シリーズ）

★『30分でツキを呼び込む！　秘密の法則』／三笠書房（知的生きかた文庫・わたしの時間シリーズ）

## ★なみちゃん撮影のビジュアルＢＯＯＫ

★『恋がかなう魔法の法則』

～大好きな人と不思議なくらいうまくいく！／中経出版

## ★ミラクルハッピーなみちゃんのＮｅｗムックシリーズ

★『超ゴージャス開運ＢＯＯＫ／フランス版』／ゴマブックス

★『みるみる運がよくなる魔法の教科書』／ＰＨＰ研究所

★『The Cue Sign！　あなたに最高の答えをもたらす３秒の魔法』／ＰＨＰ研究所

★スピリチュアル・リアルな　占い・鑑定・メッセージシリーズ

★『幸運を呼ぶビブリオマンシー』（書物占い・永久保存版）／ゴマブックス

★ミラクルハッピーなみちゃんの不思議な力シリーズ

★『ツキとチャンスが訪れる！　超開運ＢＯＯＫ』／ゴマブックス

★『いいことばかりが起こりだす！　超ミラクル波動ＢＯＯＫ』／ゴマブックス

★『奇跡コロコロ円滑現象やって来る！　超シンクロＢＯＯＫ』／ゴマブックス

★佳川奈未のパワフル＆ハートフル　メッセージブックシリーズ

★『ＤＲＥＡＭ　ＰＯＷＥＲ』

～一瞬で人生を好転させる魔法の言葉　１００／ゴマブックス

★『ＨＡＰＰＹ　ＰＯＷＥＲ』

～すべての夢が叶いだす魔法の言葉　１００／ゴマブックス

★『彼に気持ちを伝える本』／青心社
★『彼にもう一度めぐり逢う本』／青心社
★『彼との恋を見極める本』／青心社

## ☆女の子のお悩み解決！　セッションシリーズ

★『幸運をぐっとひきよせる！　ハートのハッピーセッション』／ぜんにち出版
★『恋愛が思い通りに動きだす！　魔法のラブ・セッション』／ぜんにち出版
★『LOVE　RULES』～恋愛に関する真実の答え／KKベストセラーズ

## ☆この世のご利益まるごといただきシリーズ

★『女が幸せな億万長者になる方法』／ゴマブックス
★『サクセス・リッチなビジネスマンになる方法　・基本編』／ゴマブックス
★『ミラクルガールのつくり方』／ゴマブックス
～ハッピーライフと奇跡体質をGetする！
★『幸運の流れに乗り込む魔法のルール』

〜運と奇跡とチャンスのしくみ　／ＤＨＣ

★唱えるほど、イメージするほど、人生みるみる好転アファカ

《サクセスアファーメーション・カード》
★『恋とお金と夢に効く！　幸せな奇跡を起こす本　編』／ゴマブックス
★『幸せがむこうからやって来る！　編』／ゴマブックス
★『女が幸せな億万長者になる方法　編』／ゴマブックス

《なみちゃんのトークＣＤ・音楽ＣＤ＆映像ＤＶＤ☆》

★ミラクルハッピー佳川奈未の聴くマガジン♪　ナミマガジンシリーズ　全12回

★『ＮＡＭＩ　ＭＡＧＡＺＩＮＥ』Vol.1
〜わくわくと思い通りに生きていく！　／ＴＯＰ　ＢＲＡＩＮ
★『ＮＡＭＩ　ＭＡＧＡＺＩＮＥ』Vol.2
〜ハッピーに生きるために人生の誤解を解く！　／ＴＯＰ　ＢＲＡＩＮ

★『NAMI　MAGAZINE』Vol.3
～宇宙と同調して幸せな人生を築く方法　／TOP　BRAIN

★『NAMI　MAGAZINE』Vol.4
～心の目で人生をみつめる！　／TOP　BRAIN

★『NAMI　MAGAZINE』Vol.5
～キラキラの夢の扉を開く方法　／TOP　BRAIN

★『NAMI　MAGAZINE』Vol.6
～恋愛力のある女、ない女　徹底解明！　／TOP　BRAIN

★『NAMI　MAGAZINE』Vol.7
～お金持ちになるハッピーマインドのつくり方　／TOP　BRAIN

★『NAMI　MAGAZINE』Vol.8
～サクセスロードをよろこんでスイスイ行く！　／TOP　BRAIN

★『NAMI　MAGAZINE』Vol.9
～幸運予告して欲しいものを惹き寄せる！　／TOP　BRAIN

★『NAMI　MAGAZINE』Vol.10

～人生の答えのみつけ方　／TOP BRAIN

★『NAMI MAGAZINE』Vol.11
～成功を確実にする方法　／TOP BRAIN

★『NAMI MAGAZINE』Vol.12
～望んだ人だけ成功の結果を得られる！　／TOP BRAIN

**★中谷彰宏&佳川奈未スペシャルトークCD**

★『サクセス・スピリットの法則』
～キラキラがんばってたら、神様からごほうびがくる　／TOP BRAIN

★『恋愛スピリットの法則』
～運命の人と〝幸運な愛の日々〟を送る！　／TOP BRAIN

**★アラン・コーエン&佳川奈未スペシャルトークCD**

★『人生に奇跡の流れをつくる』　／TOP BRAIN

## ★ミラクルハッピーなみちゃんとシンガーソングライターみちよのラジオＣＤ

★『Dreamer's Collection KIRA KIRA TALK』
Vol.1　普通の女の子から夢を叶えて成功する！　／ＴＯＰ　ＢＲＡＩＮ

★『Dreamer's Collection KIRA KIRA TALK』
Vol.2　マインド力ですべてを叶える！　／ＴＯＰ　ＢＲＡＩＮ

## ★佳川奈未プロデュース音楽レーベルより　なみちゃん歌手デビューシングルＣＤ

★デビューシングルＣＤ『Ｍａｒｉａ』
挿入曲：①「True Love」
②「Message」
③「True Love カラオケ」
④「Message カラオケ」　／Miracle-happy label

★著者略歴★

*Yoshikawa Nami*

# 佳川奈未

（よしかわ　なみ）


作家。神戸生まれ神戸育ち。東京在住。

20代の頃より、アンドリュー・カーネギーやその理論を受け継いだナポレオン・ヒルの「成功哲学」「人間影響心理学」、ジョセフ・マーフィーの「潜在意識理論」「自己実現法」などに惹かれ研究を続け、佳川奈未カンパニー「POWER FACTORY」を設立（代表取締役社長）し、多くの人々の「夢を叶える自己実現」「成功感性の磨き方」「幸運力を高める方法」などに取り組んでいる。

また、その成功法則をキラキラ・ハッピーな路線で展開すべく、“ミラクルハッピーなみちゃん”というユニークなキャラクターとして自己を誕生させ、多数の著書を生み出し、執筆活動の他、セミナーや公演、ディナーショー、トークCD・音楽CDなどでも活躍。新聞・雑誌・ラジオ・テレビなどのシーンにも多く登場。

2007年11月には、佳川奈未プロデュースによる音楽レーベル「miracle-happy label」を設立し、デビューシングルCD「Maria」（収録曲：True Love／Message）を発売。2008年4月には、ニューヨーク・カーネギーリサイタルホールで公演。

同時期、ニューヨーク国連本部内UNICEF代表者とも会談。

☆ミラクルハッピーなみちゃんの奇跡が起こるホームページ
http://miracle-happy.com/

※ホームページの『Fan・メルマガ（無料）』（会費・年会費・メルマガ配信などすべて無料）に登録すると、メルマガが配信され（不定期）、なみちゃんの新刊情報はもちろん、講演会・セミナー・イベントなどの情報が一般より早く“優先的”に入手できます。
また、登録会員だけに無料配信される「ミラクルハッピーメルマガ」には、“ここでしか読めない”ためになるエッセイや、成功のヒント、夢をキラキラ叶える方法、お金持ちになる秘訣、幸運力をUPするあれこれが掲載されています。

装幀 ☆ 本澤博子
カバーイラスト ☆ 桂 早眞花

すべてがうまくいく幸運人生の叶え方
# 生き方の感性

2009年2月12日 第1版第1刷発行
2009年3月27日 第1版第3刷発行
著　　者　佳川奈未
発 行 者　江口克彦
発 行 所　ＰＨＰエディターズ・グループ
〒102-0082 千代田区一番町5
☎ 03-3237-0651
http://www.peg.co.jp/
発 売 元　ＰＨＰ研究所
東京本部 〒102-8331 千代田区三番町3番地10
普及一部 ☎ 03-3239-6233
京都本部 〒601-8411 京都市南区西九条北ノ内町11
PHP INTERFACE http://www.php.co.jp/
印 刷 所
製 本 所　図書印刷株式会社


ISBN978-4-569-70683-2